DIE SCHÄTZE DER
ANDEN

DER GLANZ DER INKAZEIT UND DES PRÄKOLUMBISCHEN SÜDAMERIKAS

JEFFREY QUILTER

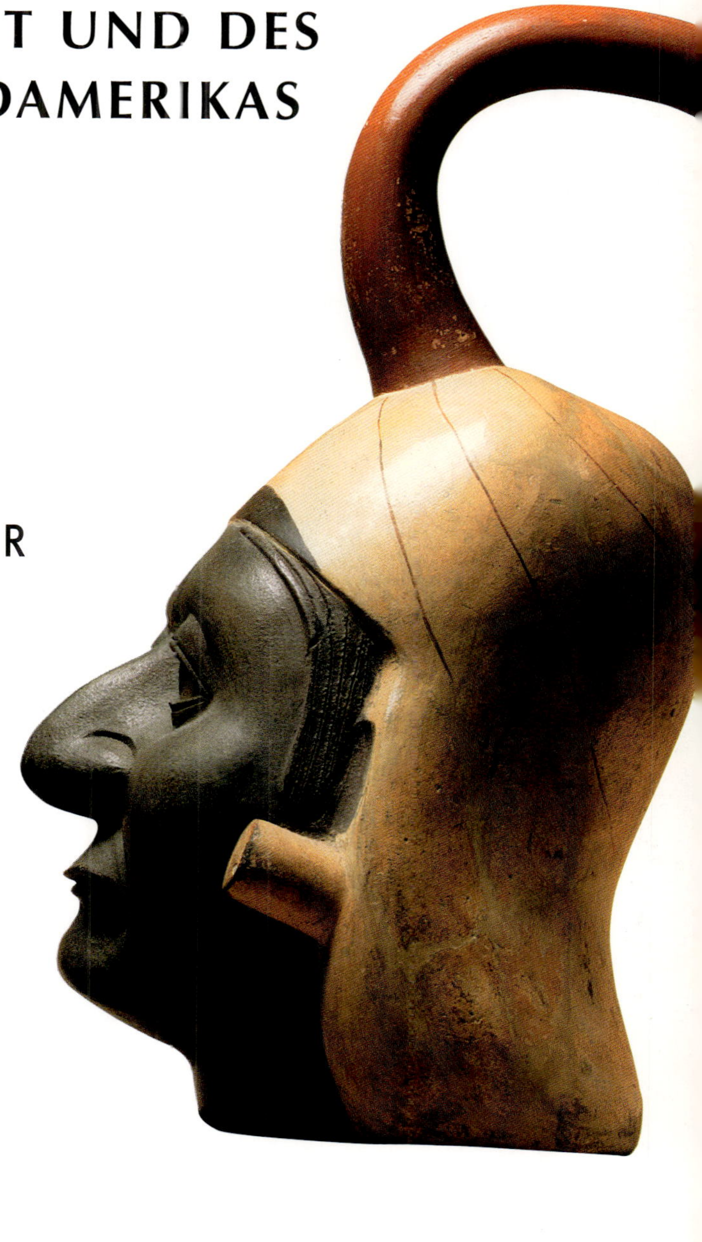

FREDERKING & THALER

Die Deutsche Bibliothek verzeichnet diese Publikation in der Deutschen Nationalbibliografie; detaillierte bibliografische Daten sind im Internet unter http://dnb.ddb.de abrufbar.

Originaltitel: Treasures of the Andes – The Glories of Inca and Pre-Columbian South America

Konzeption und Gestaltung:
Duncan Baird Publishers Ltd
Layout und Gestaltung: Manisha Patel, Allan Sommerville
Bildredaktion: Julia Ruxton
Fotos: siehe Bildnachweis S. 224
Kartengestaltung: Gary Walton
Reproduktion: Scanhouse, Malaysia
Druck und Bindung: Imago, China

Produktionsbetreuung der deutschsprachigen Ausgabe:
Print Company Verlagsges. m.b.H., Wien
Aus dem Englischen von Peter Simon

Printed in Singapore

ISBN 3-89405-497-2

ANMERKUNG ZUR DATIERUNG

Die Datierung wird mit den im Deutschen gebräuchlichen Abkürzungen v. Chr. (vor Christus) und n. Chr. (nach Christus) angegeben. Die Datierungen archäologischer und kultureller Perioden gelten nur annähernd.

Für meine Mutter,
Joan Quilter,
die mir riet, nach Peru zu gehen.

LEGENDEN ZU SEITE 1–4

Seite 1: Stoff aus Paracas mit Menschen, die Tropenhüte tragen.

Seite 2: Vorgebirge und schneebedeckte Gipfel der Anden.

Seite 3: Moche-Gefäße mit Steigbügel-Ausguss in Form von Menschenköpfen.

Seite 4: Lama aus Blattsilber mit Zinnober- und Goldeinlagen, vermutlich eine Darstellung der roten Decke des königlichen Lamas (*Puka*). Aus der Inkazeit, Titicacasee-Region in Bolivien.

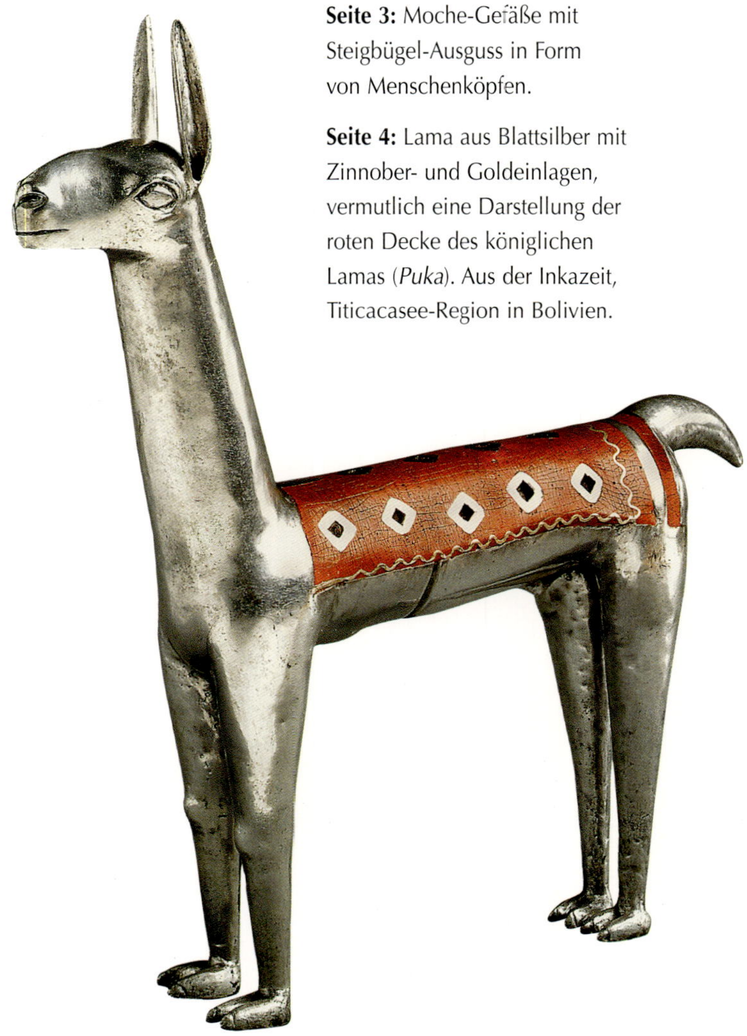

INHALT

EINLEITUNG

DAS REICH INTIS

GEGENÜBER
Goldene Insignien eines Herrschers des Chimú-Königreichs an der Nordküste Perus. Späte Zwischenzeit, um 1000–1450 n. Chr.

Die Inkas, die im frühen sechzehnten Jahrhundert mit den Spaniern zusammentrafen, beherrschten eines der größten Imperien der Welt, regiert von einem Kaiser, der als Sohn Intis, des großen Sonnengottes der Inkas, verehrt wurde. Die Herren dieses mächtigen Andenreichs waren die Erben von Jahrtausenden reicher kultureller Traditionen und Innovationen.

Verschiedene Kulturen waren über Jahrtausende in den großen Andenregionen der tropischen Wälder, des Hochlands und der küstennahen Flusstäler entstanden und vergangen. Während dieser Zeiten standen die Völker manchmal in engerem, manchmal in loserem Kontakt, manchmal war eine Gruppe fortschrittlicher als andere. Die Archäologen unterscheiden sieben Hauptperioden der Urgeschichte der Anden, denen die folgenden Kapitel gewidmet sind. Drei dieser Perioden waren Zeiten großer kultureller Einheit, sie sind als Früher Horizont (um 700 v. Chr. bis zur Zeitenwende), Mittlerer Horizont (um 650 n. Chr. bis 1000 n. Chr.) und als Später Horizont (um 1450 bis 1550 v. Chr.) bekannt. Das waren Perioden, in denen die Ideen und Völker des Hochlands das Tiefland beeinflussten oder beherrschten. Der Frühe Horizont (Kapitel 2) ist vor allem für die Verbreitung des Chavín-Kults bekannt. Der Mittlere Horizont (Kapitel 4) war die Zeit des Wari-Reichs und vermutlich eines vergleichbaren Reichs ausgehend von der Stadt Tiwanaku in Bolivien. Der späte Horizont (Kapitel 6) entspricht dem Aufstieg der Inkas, dem letzten und größten Erobererstaat vor der Ankunft der Spanier 1532 und dem Zusammenbruch der Inkaherrschaft.

Die anderen Perioden sind Zeiten größerer kultureller Vielfalt. Die Vorkeramische Periode (Kapitel 1) war die Zeit der ersten menschlichen Einwanderung in diese Länder und des Entstehens erster Siedlungen. Die Urzeit (ebenfalls Kapitel 1) war die Zeit der ersten Tonwaren

UNTEN
Moche-Behälter in Form zweier Vögel aus Muscheln, geschmückt mit Blattgold und Türkis, mit Muscheleinlagen. Die Blütezeit der Moche, auch an der Nordküste, war in der Frühen Zwischenzeit, um 0–650 n. Chr.

OBEN
Für die alten Andenvölker waren die schneebedeckten Berge das Heim der alten Berggottheiten der *Apus*, die, wenn sie recht verehrt wurden, die Kontinuität des Kreislaufs des Leben spendenden Wassers und aller anderen Rhythmen des Kosmos gewährleisteten.

und gewebten Stoffe und der Ausbreitung großer Tempelanlagen in den Anden. Die frühe Zwischenzeit (Kapitel 3) und die Späte Zwischenzeit (Kapitel 5) waren Zeiten komplexer regionaler Kulturen nach dem Zusammenbruch der Zentralgewalten von Chavín beziehungsweise von Wari/Tiwanaku.

Von ihrer Hauptstadt Cuzco im südlichen Hochland der Zentralanden aus eroberten die Inkas die Länder ihrer Vorläufer und machten sich ihre Kulturen zu Eigen: im Süden die chilenische Wüste und Nordwestargentinien; im Osten die bolivianische Hochebene, der Altiplano; im Norden und Westen das heutige Peru und dahinter Ecuador. Nur die tiefer liegenden Regionen der Tropenwälder waren nicht unter völliger Kontrolle des Inkareichs, doch die alten Dschungelbewohner trugen zur Entwicklung der Kultur der Zentralanden bei.

Für Fremde ist die Reise durch diese Länder Furcht erregend. Wüstengebiete trennen die dünnen Streifen der fruchtbaren küstennahen Flusstäler. Im Hochland müssen Reisende über kalte Gebirgspässe, auf denen die dünne Luft stürmisch weht. Die dichten dunklen Wälder wirken unheilvoll für Fremde. Doch diese so dramatisch unter-

OBEN UND LINKS
Die ausladende Gebirgskette der Anden (oben) verläuft entlang des südamerikanischen Kontinents – fast 9000 km lang. Die Hauptkarte (links) zeigt das Kernland der prähistorischen Andenkulturen, die vorwiegend in den Zentralanden im heutigen Peru lagen. Die verschiedenen Kulturen entstanden entweder entlang der küstennahen Flusstäler, im fruchtbaren Hochland oder im tropischen Tiefland.

schiedlichen Zonen mit ihren einzigartigen Pflanzen, Tieren und anderen Schätzen liegen dicht beieinander. In alter Zeit wurden jene, die die Mühen einer Reise in diese Gebiete auf sich nahmen, durch die Reichtümer der Küste, des Hochlands oder des tropischen Tieflands belohnt. Und aus diesen Reichtümern entstand die große alte Andenkultur.

LINKS
Die große Vielfalt der Höhenlagen und des Bodens in den Anden ermöglicht eine Vielzahl von Landschaften, die oft eng beieinander liegen. Man sieht das in dieser Ansicht von der Gegend von Cuzco, der alten Inkahauptstadt, mit Hochebene, Tal und Berggipfeln im Hintergrund.

REICHE SCHÄTZE

Jede Klimazone der Anden hatte ihre eigenen Vorkommen an Tieren, Pflanzen und Mineralien, die Nahrung, Unterkunft und anderes lieferten. Die verschiedenartigen Gegenden waren auch Quelle von Luxusgütern wie Stoffen, die in vielfältigen Farben, Schattierungen und Qualitäten erzeugt wurden. Aus den Tropenwäldern kamen bunte Vogelfedern, Felle und Zähne von Tieren, Hartholz und viele Pflanzen – nicht nur als Nahrung, sondern auch als Medikamente und Bewusstsein verändernde Drogen. Aus dem Hochland kamen harte Steine für Werkzeuge, Skulpturen und Bauten und Mineralien, auch Gold. Es bot Weideplätze für Kameliden (Alpakas und Lamas), die Fleisch lieferten, vor allem aber als Tragtiere und wegen ihrer Wolle gehalten wurden, aus der man warme

RECHTS
Datierung und Chronologie der Andenkulturen sind ungenau. Über die Chronologie der Perioden herrscht weitgehend Übereinstimmung. Sie beginnt mit verschiedenen präkeramischen Epochen: Frühes Präkeramikum (um 10000–3000 v. Chr.) und Präkeramikum (um 3000–1800 v. Chr.) Die Daten für Aufstieg und Untergang von Kulturen sind nur annähernd zu verstehen und bedeuten nicht, dass damit eine Kultur völlig aus der Geschichte verschwindet, sondern bloß ihren Höhepunkt überschritten hat.

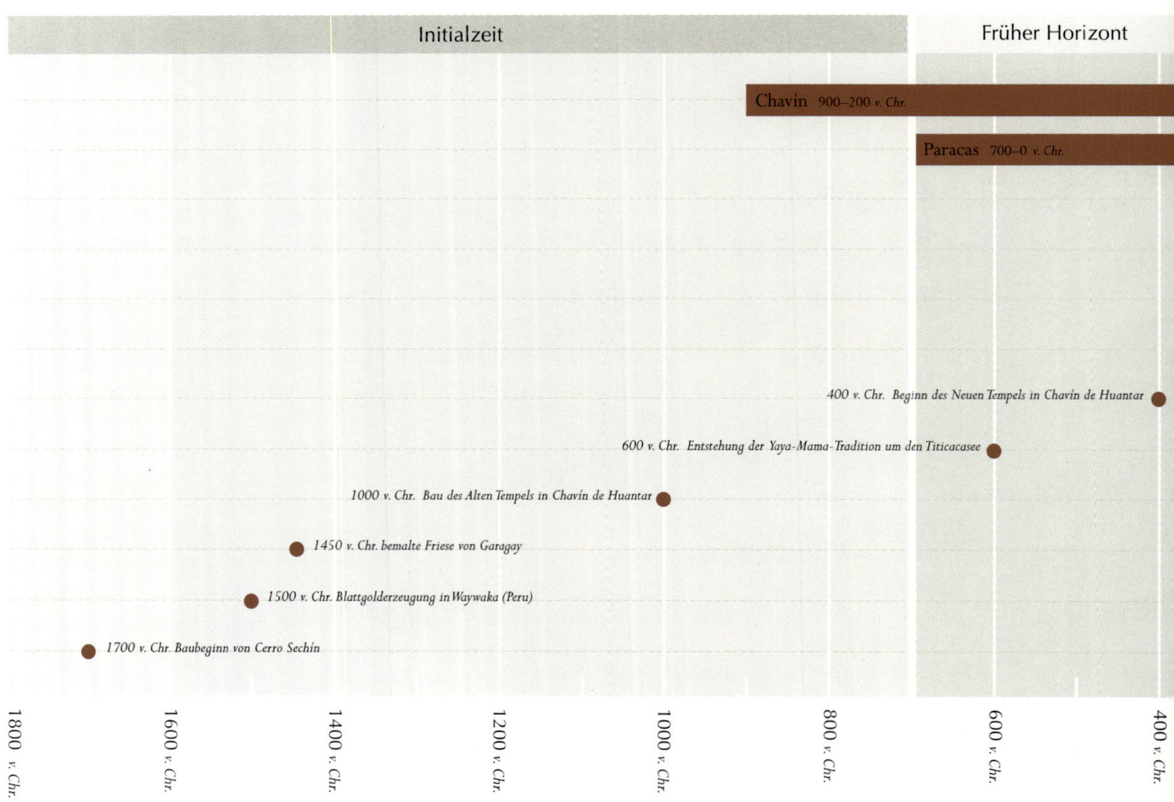

RECHTS
Ein Paar Moche-Eulen aus Kupfer und Muscheln als Beispiel für die Bedeutung von Vögeln als Geisterboten in den Anden und die Wichtigkeit von Paaren in einem dualistischen Weltbild. (siehe auch Abbildung Seite 81).

Kleidung und schöne Stoffe herstellte. Die reichen Niederschläge in den Hochlandtälern sicherten gute Ernten: Mais in tieferen Lagen, weiter oben Quinoa und Oca, ganz oben Kartoffel und andere Knollengewächse. Die Andenvölker lernten rasch die Vorteile der Hänge durch gut entwässerte Terrassen zu nutzen.

Die Westhänge der Anden sind kahl, sie liegen an der dem Regen abgewandten Seite. Im südlichen Sommer hebt der Wind die über dem Pazifik entstandenen Wolken empor, und es regnet im Hochland. Im Winter treiben bei geringen Temperaturunterschieden die Meereswolken an die Küste und der Himmel bleibt

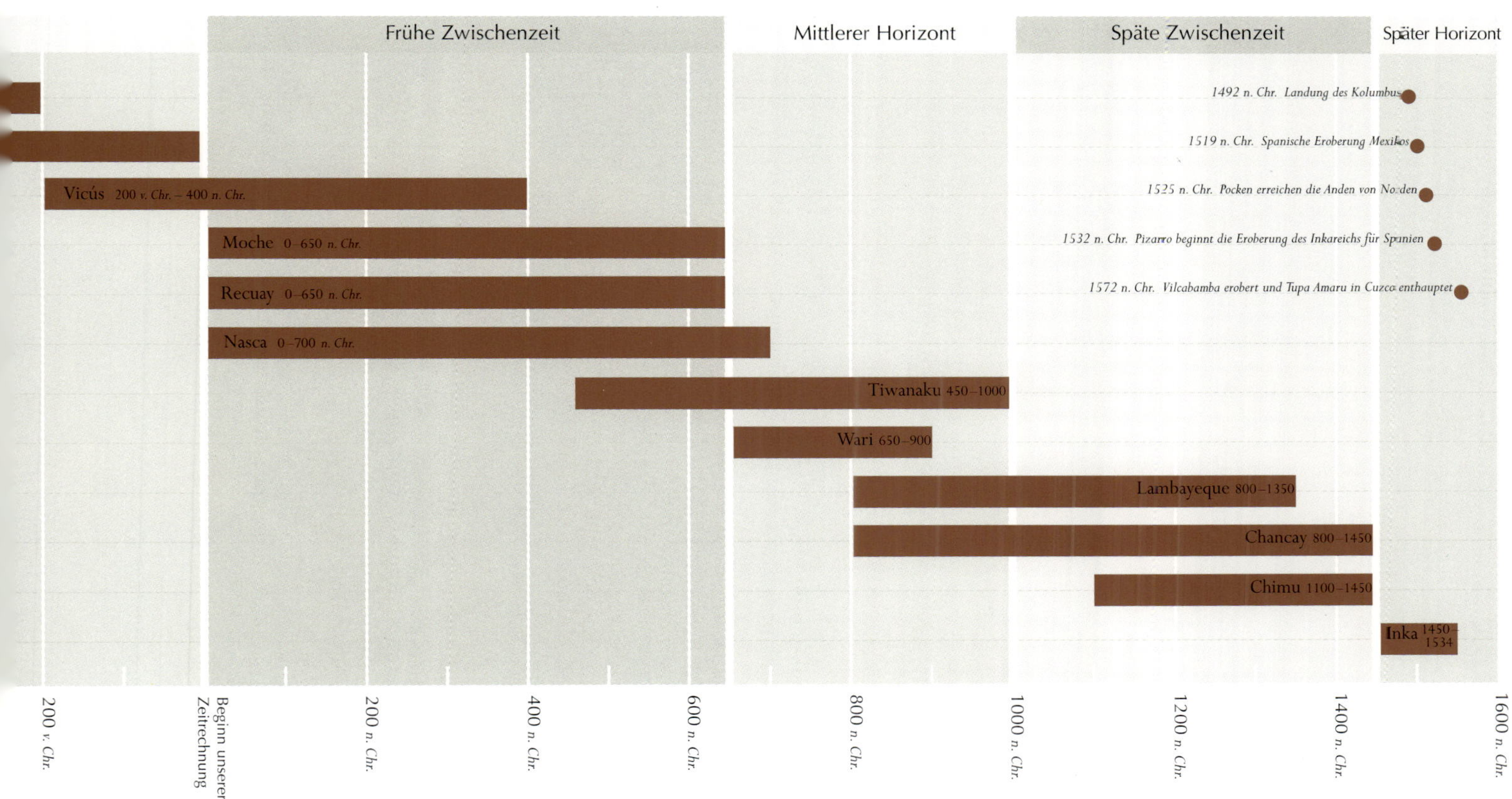

RECHTS
Ein dem Toucan gleichendes Fabeltier, kunstvoll von einem Moche-Handwerker in Blattgold mit Türkis-Einlagen gearbeitet. Toucans, die weiter nördlich an der Küste und im Dschungel jenseits der Anden vorkommen, waren für die Moche exotisch. Die Andenvölker beobachteten andere Geschöpfe genau. Mächtige Tiere wurden als Herren ihrer Reiche anerkannt: der große schwarze Kaiman, der Jaguar und die Harpye im Dschungel; der Puma und der Falke in den Bergen; Fuchs und Hund an der Küste; Killerwal und andere Meerestiere im Ozean.

monatelang bedeckt. An manchen Stellen hüllt der Nebel die Hügel an der Küste ein und fördert das Entstehen einer einzigartigen Vegetation, der Lomas. An anderen Orten zieht der Nebel über einige der trockensten Gebiete der Erde und hinterlässt kaum eine Spur Feuchtigkeit auf der dürren Ebene.

Wasserläufe, die von den Bergen westwärts zum Meer fließen, schaffen Oasen in der Wüste. Auf ihrem Weg von den Höhen erzeugen die Flüsse kleine Nachbildungen der Tropenwälder an den Westhängen. Die weiten Überschwemmungsebenen in Meeresnähe waren einst mit Wäldern und Marschen bedeckt, in denen frühe Jäger und Sammler lebten, deren bäuerliche Nachkommen Kanäle für ihre Felder bauten. Das westliche Südamerika ist die Heimat einer der großen Seekulturen der Welt, basierend auf den vom Humboldtstrom aus dem südlichen Pazifik herbeigebrachten Reichtümern. Sein kaltes, aufsteigendes Wasser bringt große Mengen Fisch wie Sardellen, Sardinen, Barsche, Bonitos, Seebarsche und viele andere sowie Schalentiere, Robben, Walrosse und Seelöwen.

Der Strom trifft nahe der heutigen Grenze zwischen Peru und Ecuador auf wärmere Strömungen aus Norden und dreht sich wieder dem Meer zu. Manchmal verdrängt diese Gegenströmung den Humboldtstrom und verursacht verheerende Regenfälle an der peruanischen Küste und Trockenheit im Hochland. Dieses als El Niño (das Kind) bekannte

Phänomen erschütterte schon die alten Andenkulturen. Der Name bezieht sich auf das Christuskind, da die ersten Anzeichen um Weihnachten herum, im südlichen Mittsommer, auftreten. Der Begriff enthält aber auch viel Ironie und zeigt, wie die Kindergötter der Anden Gutes und Schlechtes bringen können.

Die Andenvölker kannten kein Geld. Man tauschte Güter aus. Grundlage war Blutsverwandtschaft oder Heirat oder die Zugehörigkeit zu einer Gruppe aufgrund von Prinzipien eines dynamischen, asymmetrischen Dualismus. Dieses Konzept war im alten Amerika weit verbreitet. In einigen Gegenden trat es als »Großer Bruder« und »Kleiner Bruder« auf: eng verwandt und voneinander abhängig, aber mit leicht unterschiedlichem Status. In einem Land steiler Hügel und Berge drückte sich der Dualismus in »Oben« und »Unten« aus, zumindest in der Inkazeit, deren Hauptstadt Cuzco in Ober- und Unterstadt geteilt war.

Geld war zwar nicht in Umlauf (außer vielleicht für kurze Zeit im nördlichen Peru am Ende der Urzeit), doch einige Materialien waren von großem Wert. In den Tiefen der warmen Gewässer vor der Küste von Ecuador lebt eine seltene Auster, *Spondylus princeps*, deren rote Schale mehr wert war als alles andere. Andere Spondylus-Arten mit purpurfarbenen oder orangen Schalen waren weniger wertvoll. Sie galt als Speise der Götter bei Ritualen und wurde für kostbarste Verzierungen und Schmuck verwendet.

Für die Andenvölker war die Welt der Menschen Teil eines größeren kosmischen Dualismus. Energie floss vom Meer zu den Bergen, vom Himmel zur Erde, vom Reich der Menschen zu dem der Götter. Die Menschen ernährten die Götter durch ihre Opfer und wurden selbst durch die Wohltaten der Götter ernährt, alles im Universum bewegte sich durch fließende Seinszustände. Die Praxis der Inkas und ihrer Vorgänger, Mumien so zu behandeln, als ob sie noch am Leben wären, zeigt, wie auch Leben und Tod nicht als extreme Pole, sondern als Teil eines unaufhörlichen Energieflusses gesehen wurden.

OBEN
Moche-Ohrschmuck aus einem Mosaik von Halbedelsteinen, Gold und Muscheln mit der Darstellung eines Kriegergottes. Der Schnabel aus Gold deutet darauf hin, dass er ein Vogelgott oder eine mythische Gestalt ist, bekleidet ist er aber wie ein menschlicher Krieger mit Keule und Schild und einer Schleuder mit einem goldenen Wurfgeschoss in der Linken.

FORSCHUNGSQUELLEN

Unser Wissen über die Geschichte der Anden stammt aus vielen Quellen. Die Inkas wurden nie ganz erobert, ihre Nachkommen leben heute im Hochland Perus und sprechen immer noch die Inkasprache Quechua. Vielerorts wird in den Bergen der Anbau noch genau so wie vor fünfhundert Jahren betrieben, und viele Bräuche blieben unverändert erhalten. Da die Inkas den Spaniern lange heftigen Widerstand leisteten, konnten die Eroberer das Verhalten der Inkas ausgiebig beobachten und von ihrem Glauben und ihrer Religion berichten. Aus den schriftlichen Berichten der Spanier wissen wir von Phänomenen wie *Khipus* (Knotenschrift der Inkas) und *Chasquis* (spezialisierte Läufer, die Botschaften durch das Inkareich trugen). Sorgfältig verwendet – und bedenkend, dass das, was die Inkas den Spaniern erzählten, von den Interessen beider Parteien gefiltert wurde – bieten diese Dokumente Einblicke in die Zeit des Jahrhunderts vor den Eroberungen.

UNTEN

1946/47 entdeckte Junius Bird bei seinen Ausgrabungen im unteren Chicama-Tal die frühesten Spuren der Besiedelung der Anden durch den Menschen in Huaca Prieta, einem kleinen Fischerdorf aus dem Präkeramikum und der Initialzeit (siehe Seite 24–25). Hier wird ein Bauwerk aus zylindrischen Adoben (Lehmziegeln) freigelegt.

OBEN
Zwischen 1587 und 1615 verfasste Guamán Poma de Ayala einen 800 Seiten langen »Brief« an den spanischen König, um gegen das an den Ureinwohnern der Anden begangene Unrecht zu protestieren. Seine Erörterung der Kultur der Inkas und viele der 400 Illustrationen sind eine wichtige Quelle für heutige Forscher. Die Abbildung oben zeigt ein Mädchen mit Lamas und das Mittsommerfest der Inkas für den Sonnengott Inti im Dezember.

Die ersten Chronisten waren Konquistadoren und Priester. Ihnen folgten bald die Nachkommen des Adels der Ureinwohner der Anden, die von der spanischen Krone Ansprüche für geleistete Dienste einforderten, ihre präkolonialen Privilegien einklagten oder Rechtsstreitigkeiten mit anderen Ureinwohnerstämmen austrugen. Einer von ihnen war Felipe Guamán Poma de Ayala, dessen Schriften und Zeichnungen einen der seltenen Einblicke in das Leben der Inkas bieten, wenn auch aus der Sicht der Kolonialherren.

Reiseberichte aus der späteren Kolonialzeit sind ebenfalls wichtige Informationsquellen. Antonio Juan de Ulloa gehörte der französischen Expedition an, die in den späten 1730er Jahren nach Südamerika reiste, er notierte während seines Aufenthalts die Praktiken der Ureinwohner. 1811 publizierte der große deutsche Geograf Alexander von Humboldt, nach dem der Küstenstrom im Pazifik benannt wurde, einen umfassenden Bericht über Biologie und Geologie der Anden, widmete den präkolumbischen Ruinen aber nur geringen Raum.

Der erste seriöse Bericht über die peruanische Antike stammt von Mariano Edward de Rivero, Direktor des Nationalmuseums in Lima, und seinem Freund und Kollegen Johann Jakob von Tschudi, 1841. Eine Version ihres Buchs wurde vom Spanischen ins Englische übersetzt. Von größerer Bedeutung für die englischsprachige Welt war die *History of the Conquest of Peru* von William H. Prescott, ein eher historisches denn archäologisches Werk, das großes Interesse an der Vergangenheit der Anden auslöste. Auch der lebhafte Stil von Ephraim George Squiers *Peru: Incidents of Travel and Exploration in the Land of the Incas* (1877) lenkte mit großem Erfolg die Aufmerksamkeit auf die Anden.

Eine der ersten archäologischen Forschungen im »Land der Inkas« war die von Wilhelm Reiss und Alphons Stübel, die in der großen Grabanlage von Ancon, nördlich von Lima, Mumienbündel entdeckten und ihre Forschungsergebnisse zwischen 1880 und 1887 in drei großen Bänden publizierten. Reiss und Stübel beeinflussten ihren deutschen Kollegen Max Uhle, der ihnen bei der Veröffentlichung ihrer Aufzeichnungen und Fotografien aus Tiwanaku half. in den 1890er und 1900er Jahren führte Uhle die Forschungsarbeiten in Peru und Bolivien fort. Während Reiss und Stübel vor allem Gräber erforschten, betrieb Uhle richtige Archäologie. Als einer der ersten betonte er die Bedeutung stratigrafischer Befundungen als Schlüssel der Chronologie. Die grundlegende Chronologie Uhles für Peru ist noch heute gültig.

Nach Uhle betrieben andere Archäologen ernsthafte Arbeiten in Peru, besonders Alfred Kroeber in den 1920er und 1930er Jahren. Ein weiterer Gründervater der Andenarchäologie war der aus dem peruanischen Hochland stammende Julio C. Tello, der ein Harvardstipendium gewann und zum führenden Archäologen Perus wurde. Wie Uhle

OBEN

1911 suchte Hiram Bingham von der Yale University nach Vilcabamba, dem Zentrum des Inka-Widerstands gegen die Spanier, und stolperte dabei über Machu Picchu. Die bis dahin bloß lokal bekannte Inkastadt war eine Sensation für die übrige Welt.

RECHTS
Zu den vielen eigenständigen Erfindungen der Andenvölker gehörte die Entwicklung von Gussformen für Metall oder wie hier für Keramik zur Massenproduktion von Waren.

schuf er Forschungsgrundlagen, die noch immer unerreicht sind. Die Andenforschung erlebte in den 1930ern ihre Blüte mit einer großen Zahl aus Bolivien, Peru und Chile stammender Forscher und der Unterstützung vieler nebenberuflicher Gelehrter. Zu letzteren zählte unter anderen Rafael Larco Hoyle, der die moderne Erforschung von Kunst und Archäologie der Moche begründete. Von kurz vor dem Zweiten Weltkrieg bis heute nimmt die Andenforschung immer mehr an Bedeutung zu. Die Quellen dieser Forschungen sind zahlreich und ergiebig. Im Hochland kann man an den Überresten der Vergangenheit gar nicht vorbeigehen: Viele Terrassen, Straßen und Kanäle der Inkazeit sind immer noch in Verwendung. An der Küste konservierte die trockene Wüste Materialien wie Holz, Fasern, Knochen, Stoffe und Wandmalereien, die in anderer Umgebung längst verloren gegangen wären, hier aber Stoff für Forschung und Interpretation bieten.

Kapitel 1

ANFÄNGE

VON FRÜHESTER ZEIT BIS UM 700 V. CHR.

GEGENÜBER
Geköpfte Häupter, vergossenes Blut, Körper ohne Gliedmaßen und Eingeweide zieren die äußere Steinmauer von Cerro Sechín im Casma-Tal. Als Erinnerung an eine bestimmte Schlacht oder als Ausdruck generellen Militarismus betont die Grauen erregende Darstellung die oft turbulenten Zeiten des Alten Peru (siehe Seite 32–33).

DIE ERSTEN AMERIKANER

BESIEDELUNG DES KONTINENTS

GEGENÜBER
Felsmalerei aus dem Frühen Präkeramikum, östlich von Lima, mit der Darstellung wilder Kameliden, Verwandten der Lamas und Alpakas, von den *Punas* (Hochebenen) des peruanischen Hochlands. Immer höher entwickelte Jagdtechniken führten schließlich zur Domestizierung von Lamas und Alpakas irgendwann zwischen 5200 und 4000 v. Chr.

UNTEN
Die ältesten südamerikanischen Artefakte sind steinerne Speerspitzen im weit verbreiteten »gekehlten Fischschwanz«-Stil, so benannt nach dem auffallend verbreiterten Schaft. Diese in der Fell-Höhle, ganz im Süden Chiles, entdeckten Beispiele wurden auf 9000–8000 v. Chr. datiert.

Die ersten Amerikaner wanderten gegen Ende der letzten großen Eiszeit in die Neue Welt ein. Lange glaubten die Archäologen, dass sie von Asien über die durch den niedrigeren Meeresspiegel entstandene Landbrücke der Beringstraße gekommen waren. Heute meint man, dass einige auch über das Meer entlang der Pazifikküste gekommen sein könnten; andere dürften sogar den Nordatlantik überquert haben. Um 10000 v. Chr. waren die Menschen über den größten Teil Amerikas verbreitet. Die ältesten menschlichen Spuren sind große, dünne Speerspitzen, gefunden in Clovis, New Mexico. Die um 9500–9000 v. Chr. datierten kunstvoll behauenen Steinspitzen sind die ältesten Zeugen amerikanischer Technologie und wegen ihrer ästhetischen Gestaltung zugleich auch die ersten amerikanischen Kunstgegenstände.

Kurz danach traten während des Frühen Präkeramikuns (10000–3000 v. Chr.) Speerspitzen auch in Südamerika auf. Die Paläo-Indianer, wie man die ersten Amerikaner nennt, verwendeten sie, um Mammut, Mastodon und Pferde zu jagen, aber auch wilde Kameliden – Verwandte von Lama und Alpaka – der *Punas* (Hochebenen) von Peru. Der Mensch besiedelte erstaunlich früh das peruanische Hochland. Stätten wie Pikimachay, Pachamachay und Telarmachay lassen ausgedehnte Kamelidenjagd vermuten. Die Paläo-Indianer beuteten bald lokale Ressourcen aus und fanden ebenso rasch zu vielfältiger Lebensart, doch machen spärliche Funde die Interpretation schwierig. Wurden die langen, kunstvollen Speerspitzen der Paiján-»Kultur« (um 9000–8200 v. Chr.) an der trockenen Nordküste Perus zum Fischen verwendet? Wenn ja, dann hieße das, dass die Paiján-Menschen vom Meer lebten. Die Spitzen sind aber sehr spröde und könnten ihre konkave Form durch häufiges Schärfen bekommen haben. Leider gibt es sonst kaum Artefakte.

FISCHER UND BAUERN

Zur gleichen Zeit wie die Paián begannen Menschen auch andere Küstenregionen zu besiedeln, etwa die Orte Amotape in Nordperu und Quebrada Tachay (»Ringfund«) und andere an

RECHTS
Zu den ältesten Kunstgegenständen der Anden gehören zwei winzige geschnitzte Gurden von Huaca Prieta aus dem Präkeramikum um 3000–1800 v. Chr. Das geschnitzte, stilisierte Gesicht auf dieser Kürbisflasche gleicht Bildern auf zeitgleichen Keramiken und anderen Objekten aus Valdivia in Ecuador, wo Tonwaren früher als in Peru hergestellt wurden. Der Deckel trägt ein doppelköpfiges Tiermotiv wie auf den Stoffen von Huanca Prieta, das noch heute in der Andenkunst verwendet wird. Man weiß nicht, was die Gurden enthielten.

der Südküste, datiert auf 8600–7000 v. Chr. Weiter oben an der Küste beuteten die Bewohner der Stätte von Las Vegas in Ecuador die Mangrovensümpfe aus.

Die Siedlung von Paloma südlich von Lima wurde zwischen 5000 und 3000 v. Chr. bewohnt. Die Menschen, die dort blieben – einige nur wenige Tage, andere das ganze Jahr hindurch –, hatten drei verschiedene Nahrungs- und Rohstoffquellen: die Hügel, das Meer und den nahen Chilca-Fluss. Durch mehr als fünf Jahrtausende konservierte das trockene Klima Schilfhütten und in Schilfmatten gehüllte Leichen. Die Toten wurden mit wenigen Grabbeigaben wie einer Kürbisschale, einer mit rotem Farbstoff gefüllten Muschel oder einem knöchernen Eulen-Anhänger bestattet. Außer Perlen und aus Muscheln geschnittenen Scheiben besaßen die Bewohner Palomas wenig, das als Kunst gelten könnte.

Viele ähnliche Orte mit vielfältigen Ressourcen wurden bald auf Dauer besiedelt. Gemeinden im mittleren und oberen Zaña-Tal etwa richteten erste öffentliche Plätze ein, ein Zeichen für sesshaften Lebensstil. Die Sesshaftigkeit erlaubte es den Menschen, Güter anzusammeln, und zwischen 3500 und 2500 v. Chr. verleihen erste Kunstwerke den Vorstellungen über die Welt Ausdruck.

DIE DOPPELKÖPFIGE SCHLANGE: HUACA PRIETA

1946 grub Junius B. Bird *Huaca Prieta* (»Dunkler Hügel«) an der Mündung des Chicama an der peruanischen Nordküste aus. Der große, erstmals im Präkeramikum (um

3000–1800 v. Chr.) bewohnte Ort erhielt seinen Namen von der Asche unzähliger Herdfeuer im Schutt von Behausungen, der über die Jahrhunderte einen großen ovalen Hügel von 125 Metern Länge und 12 Metern Höhe geformt hatte.

Bird fand beeindruckende Spuren aus dem Leben der Fischer und Bauern des Hügels: unterirdische Häuser als Schutz vor den eisigen Winden; pflanzliche und tierische Überreste; Fischereigeräte – darunter ein großes Baumwollnetz mit Kürbisschwimmern. Er fand auch über 6000 Stücke und Stofffragmente zusammen mit unzähligen Bruchstücken. Nach sorgfältiger Reinigung zeigte sich, dass diese Stoffe nicht gewebt, sondern in kunstvoller Knüpftechnik zu dekorativen Mustern verarbeitet worden waren. Einige Fäden waren gefärbt, sodass das Muster ursprünglich sichtbar war. Mit den Jahrhunderten waren die Farben verblasst, sodass die ältesten Kunstwerke der Anden nur mit viel Mühe wieder ans Licht gebracht werden konnten.

Das Design der Huaca-Prieta-Textilien ist kunstvoll und stark geometrisch, meist eine abstrakte Wiedergabe von Meeres- und Küstentieren wie Krabben, Fischen, Schlangen und Vögeln, aber auch von stilisierten Menschengestalten. Einige Motive wie das der zweiköpfigen Schlange in S-Form werden bis heute in der Andenkunst verwendet. Eines der schönsten Bilder ist das des Kondors mit gespreizten Flügeln und einer Schlange in seinem Bauch. Das Bild dürfte mit einem Mythos zusammenhängen, ähnlich der späteren Geschichte von Adler und Schlange als Symbol der Gründung der Hauptstadt der Azteken.

In einem Grab in Huaca Prieta fand Bird auch zwei kleine zerbrechliche, geschnitzte Kürbisflaschen. Sie waren besonders interessant, da ihr Dekorationsstil dem der zeitgleichen frühen Valdivia-Keramik in Ecuador glich. Die Stämme in Peru erzeugten damals noch keine Tonwaren, standen aber offenbar in Kontakt mit Völkern, die dies taten. Das heißt, dass man sich damals über beträchtliche Distanzen bewegte. Und wirklich vergrößerten ab etwa 2500 v. Chr. die peruanischen Kulturen ihren Handelsradius beträchtlich.

OEEN
Keramikplatte aus Valdivia, Ecuador, mit eingeritztem, stilisierten Gesicht ähnlich dem auf der Gurde von Seite 24 – vielleicht ein Beweis für weiträumige Kontakte.

DER TEMPEL DER FÄNGE

In krassem Gegensatz zu den schlicht bemalten Stätten des Präkeramikums (siehe Seite 28–30) sind einige Zeremonienplätze und Heilige Stätten der Initialzeit kunstvoll verziert mit Bildern von Ungeheuern und anderen Wesen, die Ausdruck des Entstehens einer komplexen religiösen Symbolwelt gewesen sein dürften. In Cardal, im Lurín-Tal nahe Lima, fand Richard Burger einen bemalten Adoben-Fries mit riesigen stilisierten Mündern mit großen Fängen, der das zentrale Atrium und die Treppen des Komplexes umgibt. Wer das kleine Gebäude am oberen Ende der Treppe betrat, wurde also symbolisch von der Gottheit »verschlungen«. Auf der oberen Plattform befand sich auch eine Konstruktion, die einen kleinen stufenförmigen Altar in Form eines Miniatur-Terrassentempels enthielt, der einen Berg symbolisierte. Der Altar-Berg, der Tempelberg und die echten Berge der fernen Anden waren so durch ein sich wiederholendes Muster in kleinem und großem Maßstab verbunden. Der Zentraltempel dürfte die Stätte für die Rituale einiger Priester gewesen sein, doch zumindest ein Flügel des U-förmigen Komplexes enthielt mehrere abgesenkte Plätze, an denen bestimmte Gruppen ihre eigenen Zeremonien abhielten, ähnlich den kleineren abgetrennten Räumen der Kotosh-Religion (siehe Seite 28–29). Wie in Kotosh könnten dies Großfamilien oder andere Gruppen aus ländlichen Gebieten gewesen sein.

In Moxeke an der Nordküste Perus waren riesige bunt bemalte Adoben-Köpfe und Torsi, alle ganz verschieden, an der Außenmauer der Tempelanlage angebracht. Vielleicht waren das Gottheiten verschiedener Clans oder anderer Gruppen. Bei der ebenfalls aus der Initialzeit stammenden Tempelanlage von Garagay im Chillón-Tal besteht der Atriumfries aus bunt bemalten Ungeheuern. Sie waren meist durch abstrakte Motive in Gestalt einer Welle oder stilisierten Feder getrennt. Das Motiv enthält ein einfaches stufenförmiges Muster, das dem »Berg-Altar« von Cardal entspricht. Dieses Motiv lässt erkennen, dass sich neben der repräsentativen Darstellung von Ungeheuern und anderen Kreaturen an manchen Orten eine abstrakte Symbolik entwickelte, die das religiöse Zentrum oder den Kult repräsentierte.

RECHTS, OBEN UND UNTEN
Zwei Details aus den vielfarbigen Adoben-Friesen von Monsterköpfen mit Fängen aus dem Atrium des Tempels von Garagay. Wir kennen die Mythen nicht, die hinter diesen Bildern stehen, sie dürften aber schon sehr alt gewesen sein, als dies Friese entstanden. Die Künstler stellten mit den Bildern keine Geschichte dar, sondern isolierte Motive und Figuren, so wie den von einem Band umgebenen Kopf ohne Körper. Das lässt vermuten, dass die mythischen Erzählungen, zu denen diese Gestalten gehörten, den Betrachtern vertraut waren.

KULTZENTREN

ORTE HEILIGER RITUALE

Die großen Zeremonienstätten des Alten Peru entwickelten sich aus ersten kleinen Kultplätzen. Die frühesten Zeremonienzentren verbanden zwei Grundelemente, die bis in die Inkazeit in Verwendung blieben: Platz (offener Bereich oder Hof) und Plattform (erhabener Bereich). Die Völker des Späten Präkeramikums bevorzugten abgesenkte Plätze, oft kreisförmig, mit einer oder mehreren Plattformen. Eine frühe Form war ein kleiner abgesenkter Platz oder Patio, an dem vermutlich die Angehörigen eines Clans ihre Rituale an einem gemeinsamen heiligen Ort vollführten. Diese Form fand man zuerst in Kotosh im zentralen Hochland Perus, wo Archäologen viele quadratische Adoben- und-Stein-Kammern fanden, die angefüllt und überbaut worden waren. An der Treppe zu einer Kammer war eine stilisierte Schlange gemalt, der Eingang zur Kammer

RECHTS
Der so genannte Tempel der gekreuzten Hände, eine der vielen Ritualkammern in Kotosh. Die Nischen mit dem Fries aus gekreuzten Händen flankieren den Eingang (Mitte). Die Kammer, etwa 10 m im Quadrat und 2 m hoch, hatte ein flaches Dach aus Holzbalken, bedeckt mit Lehm. Solche Räume waren wesentlicher Bestandteil eines weit verbreiteten Kults der Initialzeit, bei dem sich kleinere Gruppen in verdunkelten Kammern versammelten, um dort mit den Ahnen zu kommunizieren.

war rot, die Farbe der Tempel der Inkazeit. Innen war der Eingang von Nischen flankiert, ein weiteres wichtiges Element der Andenarchitektur der späten Urgeschichte. Unter jeder Nische ist ein Paar gekreuzter Arme und Hände aus Schlammmörtel, das älteste Beispiel eines Anden-Frieses. In den Nischen entdeckten die Archäologen Überreste von Kameliden und Meerschweinchen, aber auch zwei menschenähnliche Figuren aus ungebranntem Lehm. Man vermutet, dass diese Kammern Fruchtbarkeitsriten lokaler Clan-Anführer und ihrer Familien dienten. In dieser Gesellschaft hatten offensichtlich alle einen annähernd gleichen Status – wie so viele Kotosh-Kammern hatte auch diese eine an der Innenwand entlang laufende Bank aus Adoben und eine kleine Feuerstelle in der Mitte.

Es gibt viele Stätten, die Kotosh gleichen. Richard Burger nannte die Kammern und die von ihnen abgeleiteten Praktiken die *religiöse Tradition von Kotosh*. Eine der besterhaltenen und schönsten Stätten ist La Galanda im Tal des Tablachaca, eines Nebenflusses des Santa. Das trockene Klima bewahrte viele vergängliche Objekte in alten, als Krypten verwendeten Zeremonienräumen. Neben feinen Stoffen, in die die Toten gehüllt waren, gab es große Knochennadeln mit Einlagen aus blaugrünem, türkisartigem Stein und Halsketten mit auffallenden doppellöchrigen roten Steinperlen. Die Farben hatten vermutlich sakrale Bedeutung – Blaugrün für das Leben spendende Wasser, Rot für Erde und Blut.

LINKS
Stein- und Tonfiguren aus Valdivia, um 2000 v. Chr. Es waren fast immer Frauenfiguren für verschiedene Zwecke, auch als Fruchtbarkeitszauber. Die kunstvollen Frisuren sind typisch, die an den Bauch gehaltenen Arme könnten eine Tanzhaltung sein, wie man sie heute noch bei Frauen der Tropenwälder sieht. Die Valdivia-Kultur ist nach einem Küstenort in Ecuador nördlich des Golfs von Guayaquil benannt (siehe Abbildung Seite 25).

BAUEN, UM EINDRUCK ZU MACHEN

Im Präkeramikum verbreiteten sich gestapelte Plattformen, jede etwas größer als die darüber. Die Errichtung dieser Zikkurat-Bauten bedurfte keiner komplexen technischen Fertigkeit, doch die Menge, die den Priestern und Beamten bei den Zeremonien von unten zusah, war beeindruckt. Im Späten Präkeramikum entstanden Anlagen mit umschlos-

UNTEN
Auch in späteren Perioden gibt es Figuren, besonders häufig aber in der Anfangszeit der Urgeschichte der Anden. Die meist Frauen darstellenden Tonmodelle könnten bei weiblichen Fruchtbarkeitsriten verwendet worden sein. Oft findet man sie zerbrochen; diese Zerstörung könnte Teil des Rituals gewesen sein.

senen Räumen, doch blieben auch Plätze und erhöhte Flächen beliebt. Die Errichtung großer Anlagen aus Stein und Adoben nahm nach 2500 v. Chr. dramatisch zu. Zu den frühesten gehören Aspero und Caral im Supe-Tal an der nördlichen Zentralküste. Man weiß nicht, ob diese Kultstätten von herrschenden Eliten oder von mehreren Gemeinden zusammen errichtet wurden. Die Gesellschaft war vielleicht schon stärker gegliedert, doch ist ungewiss in welchem Ausmaß.

Die frühen großen Zeremonienzentren erstrecken sich entlang der peruanischen Küste, wo das Meer die meiste Nahrung bot, es gibt in diesen Breiten ähnliche Anlagen im Hochland. Die Steigerung der Agrarproduktion trug zu dem für die Erhaltung solch großer Zentren erforderlichen Überschuss an Ressourcen und Arbeitskräften mit bei. Die viele Hektar großen Komplexe verdankten ihren Erfolg mehr der Organisation der Arbeitskräfte als der Komplexität ihrer Bautechnologie.

In der anschließenden Initialzeit (um 1800–700 v. Chr.) übernahmen die Bewohner Perus echte Webtechniken und Keramik (gebrannte Tonwaren). Trotz ihrer Größe bieten die präkeramischen Anlagen wenig Hinweise auf Verzierungen mit Ausnahme einheitlicher Farbschichten. Die Zeremonienzentren der Initialzeit sind kunstvoller gestaltet, etwa mit auffallenden Darstellungen von Ungeheuern und anderen Wesen, aber auch abstrakteren Motiven (siehe Seite 26–27). Die alten Andenvölker entwickelten Keramik und Webtechnik vielleicht nicht, weil sie damit bessere Behälter oder Kleidung herstellen konnten, sondern weil man darauf symbolische Verzierungen besser anbringen konnte.

Viele der großen Sakralkomplexe des Präkeramikums und der Initialzeit folgten einem U-förmigen Grundriss mit einem etwas längeren Flügel. Das war vielleicht Ausdruck eines aus der späteren Anden-Urgeschichte besser bekannten Konzepts einer in zwei ungleiche, aber voneinander abhängige Sektoren geteilten Gesellschaft, oft als »obere« und »untere« Gemeinde bezeichnet.

RIVALISIERENDE FESTE

Die große Ähnlichkeit dieser Tempelanlagen beruhte vermutlich auf der in den alten Anden weit verbreiteten gemeinsamen Vorstellung des Kosmos und der darin lebenden Wesen. In solchen Zentren nahmen die Leute aus der Umgebung an »religiösen« Ereignissen teil, die wahrscheinlich eine aufregende Mischung aus Unterhaltung, Festgelage und Religion waren. Riesige Skulpturen, grelle Farben und komplexe dramatische Rituale sollten die auf den großen Plätzen versammelten Zeugen des Schauspiels auf der Spitze der Tempel in Spannung und Aufregung versetzen. Vielleicht kamen sie zuerst in ihren eigenen Gemeindetempeln bei Getränken wie dem alkoholischen *Chicha* oder dem halluzinogenen San-Pedro-Kaktus zusammen, bevor sie sich auf den zentralen Plätzen zumindest

OBEN
Uyucua (Knochenfiguren) aus Cerro Narrío im südlichen Hochland Perus, dem Zentrum einer weiteren frühen Andenkultur. Diese menschenähnlichen Figuren geben Rätsel auf, haben aber alle einen besonderen Kopfschmuck oder Hut – die Kopfbedeckung hatte bei späteren Andenvölkern große Bedeutung.

LINKS
Die starren Bilder von Cerro Sechín zeigen einen Krieger mit Helm, bemaltem Gesicht und Gürtel, der eine Keule oder eine Speerschleuder schwingt. Er scheint eine Wunde zuzupressen, aus der stilisiertes Blut fließt. Die letzten Jahrzehnte oder sogar Jahrhunderte der Initialzeit dürften von Streit bestimmt gewesen sein.

vorübergehend zu einer Gemeinschaft verbanden. In Mina Perdida bei Cardal fanden Richard und Lucy Burger eine puppenartige, bemalte Kürbisfigur mit beweglichen Armen und Beinen, wahrscheinlich eines der vielen Wunder für die Massen in den Tempeln.

Allein die Größe dieser Anlagen lässt den Schluss zu, dass ihre Errichtung viele Arbeitskräfte erforderte. Die Bewohner Perus waren oft über viele Jahre mit dem Bau solch massiver Komplexe beschäftigt, wenn sie sich nicht gerade um das tägliche Überleben sorgen mussten. Und doch scheinen viele Tempel erbaut, umgebaut und bald wieder aufgegeben worden zu sein. Im unteren Lurín-Tal gibt es mindestens drei Anlagen aus der Initialzeit mit sich überschneidender Benützungsdauer. Man vermutet, dass diese Tempel in Konkurrenz zueinander errichtet wurden und ihre Anhänger um dieselbe Bevölkerungsgruppe warben, so wie heute konkurrierende Vergnügungsparks in Südflorida um Besucher werben.

UNTEN
Die Bilder aus Cerro Sechín scheinen so wie dieser abgetrennte Kopf mit Opfern zusammenzuhängen, doch dienten solche Riten anders als bei späteren Kulturen offenbar keinem höheren Zweck, etwa den Rhythmus des Kosmos zu nähren.

KRIEG UND OPFER

Einige Zentren dürften dunkleren Zwecken als nur gemeinsamen Zeremonien gedient haben. An der Außenmauer des Tempels von Cerro Sechín, nahe der großen Anlage von Sechín Alto an der Nordküste, sind mehrere Menschenköpfe, Gliedmaßen und andere grauenvolle Bilder eingraviert. Diese Bilder scheinen eher grässliche Kriegstrophäen als regionale Gemeinsamkeiten darzustellen. Sie lassen vermuten, dass in der späten Initialzeit die Zeiten unruhig waren, wenn auch eigentliche Kriegshandlungen eher selten vorkamen. Cerro Sechín mit seiner Darstellung getöteter Menschen ist einzigartig, und zur Ergründung der Ursachen der Umwälzungen in der Initialzeit sind noch weitere Forschungen notwendig. Die Veränderungen äußern sich im Entstehen mächtiger religiöser Kulte, die sich von einem Zentrum im Hochland, dem heutigen Chavín de Huantar, über das ganze Alte Peru ausbreiteten.

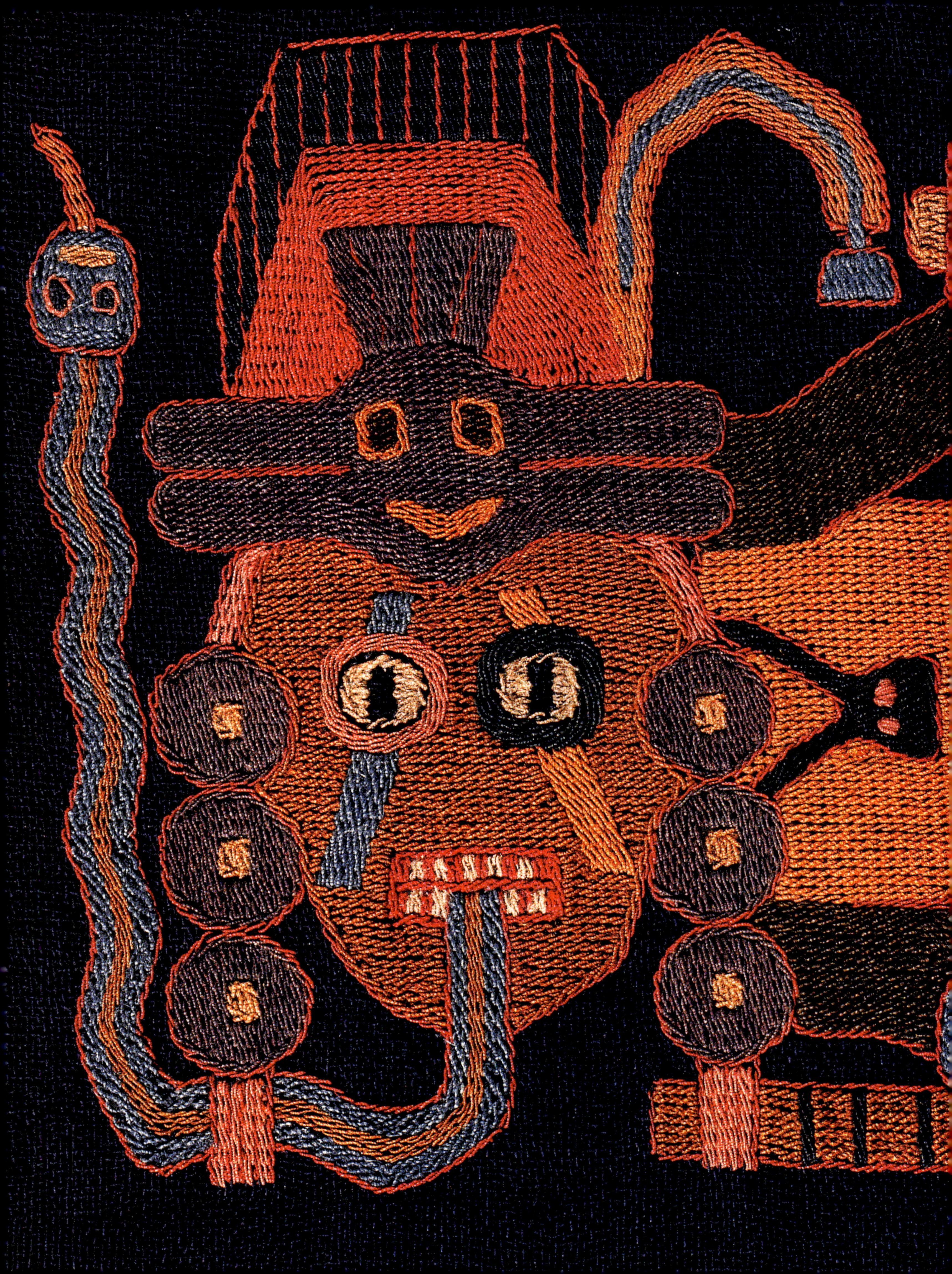

Kapitel 2

UNGEHEUER UND GÖTTER DES KOSMOS

DER FRÜHE HORIZONT

UM 700 V. CHR. – ZEITENWENDE

LINKS

Ein Umhang aus der Paracas-Kultur, bestickt mit einem »Vogel-Schamanen« oder einem Geisterdarsteller mit ausgestrecktem Umhang und Klauen. Aus seiner Nase kommt Nasenschleim, wie bei zeitgenössischen Chavín-Skulpturen, mit denen er auch die Schlangenkopf-Anhänger, die ausgestreckten Arme und die frontale Position teilt.

DIE REISE DES PILGERS

DIE MYSTERIEN VON CHAVÍN

Er war am Höhepunkt seiner Reise angelangt. Der Priester von der fernen Nordküste schlang seinen besten Mantel enger um sich, gegen die ungewohnte Kälte des Hochlands. Während er auf die wartete, die ihn in die höchsten Mysterien des Tempels von Chavín de Huantar einführen sollten, dachte er zurück an seine lange Reise. Er und sein kleines Gefolge waren viele Tage lang durch die gefahrvollen Wüsten des Küstenlands und den Santa hinauf durch das breite Tal mit den dunklen Bergen zur Rechten und den schneebedeckten Gipfeln zur Linken gewandert. Nach weiteren Tagesreisen waren sie in Richtung der aufgehenden Sonne abgebogen und über einen hohen Pass, auf dem der Schnee auf ihrer Haut brannte, in das Hochtal zur Stadt des Großen Gottes gelangt.

Bei ihrer Ankunft wurden sie auf einem Platz außerhalb des Tempelbezirks untergebracht. Der Priester traf dort auf viele andere Pilger, die aus anderen Ländern

UNTEN
Die schneebedeckte westliche Cordillera Blanca der Anden verläuft parallel zur kahlen Cordillera Negra und schließt mit dieser das große Tal Callejon de Huaylas ein, das die Nord-Süd-Verbindung des Alten Peru darstellte. Chavín de Huantar lag westlich der beiden Bergketten in einer Furche, die zum Amazonas führt.

UNTEN
Einer der vielen behauenen Vorsprünge oder Zapfen an der Außenmauer der Tempelanlage von Chavín de Huantar, der einzige, der seit mehr als zwei Jahrtausenden noch an Ort und Stelle ist.

angereist waren. Einige aus dem fernen Süden erzählten, wie sie ihre alten Götter aufgegeben hätten, nachdem Fremde mit einer neuen Botschaft und mit fantastischen, auf Stoff gemalten Bildern des Großen Gottes, seiner Inkarnationen und anderer Gottheiten seines himmlischen Reichs aufgetaucht waren.

Dann wurde der Priester aufgefordert, zur Gegenwart des Gottes einzutreten. Seine Helfer begleiteten ihn zum großen Platz vor dem prächtigen Steintempel, der sich vor dem Hintergrund der Berge im Westen erhob. Sie hatten die kostbarsten Opfergaben ihres Landes mitgebracht – Spondylus- und Strombusmuscheln und feinste Keramiken –, durften aber nur bis zum Eingang des Tempels gehen. Unter Gesängen, Trommelschlägen und dem tiefen Dröhnen goldener Trompeten übergaben sie im flackernden Licht von Fackeln ihre Gaben den Priestern, die gekommen waren, sie zu begrüßen.

Umgeben von den Tempelpriestern wurde der Pilger von der Nordküste in das Haus des Gottes geführt. Sie gingen durch ein Labyrinth von Tunneln, das sich durch das von Fackeln erhellte Dunkel wand. Kleine Räume an den Seiten gaben gelegentlich den Blick auf eine in Trance vor sich hin starrende Gestalt frei. Sie erreichten eine Kammer mit mehreren kleinen Nebenräumen. Hier befahlen ihm die Priester, den Inhalt der schönen Töpfe, die er trug, in goldene Schalen zu leeren, die sie ihm reichten. Dann sollte er sich von diesen edlen Gefäßen trennen, indem er sie in einen Nebenraum schleuderte. Der Pilger zögerte – hatte er diese persönlichen Opfergaben doch so lange auf der beschwerlichen Reise aufbewahrt –, doch ihre Augen befahlen ihm zu gehorchen.

EINE VISION VON UNGEHEUERN

Der Pilger wurde in einen anderen Raum geführt, in dem ein Tempelpriester in einen kleinen Steinmörser in Form eines fantastisch anmutenden Jaguars getrocknete Samen zu einem feinen Pulver vermahlte. Der Pilger hatte viele Tage lang gefastet und nun begannen seine Müdigkeit und die Erlebnisse im Labyrinth seinen Verstand zu beeinträchtigen. Ein Priester nach dem anderen inhalierte das auf einer schön geschnittenen Platte

aufgelegte Pulver durch ein kurzes Röhrchen. Dann war er an der Reihe. Das Pulver brannte in seiner Nase, die sich mit Schleim füllte. Er blickte sich um und sah, dass auch alle anderen Priester triefende Nasen hatten. Als dann das narkotische Pulver begann, seinen Verstand zu beeinträchtigen, sah er, wie sich ihre Gesichter veränderten und ihre Zähne sich in Fänge verwandelten. Die Priester wurden zu schrecklichen Bestien und Ungeheuern, dann erkannte er, dass auch er selbst kein Mensch mehr war.

Die Gesellschaft bewegte sich weiter durch das Labyrinth. Bunte Bilder tanzten vor den Augen des Pilgers, und etwas in ihm begriff, dass er die Welt der Götter betreten hatte, dass er selbst zu einem Gott geworden war. Er bog um eine Ecke und sah an der Kreuzung zweier Gänge den Großen Gott hoch über sich. Er warf sich vor dem Bildnis zu Boden – grinste es oder fletschte es die Zähne, oder beides? Dann sprach der Gott. Seine Stimme schien aus der Ewigkeit zu kommen. Er lehrte den Pilger aus dem Norden viel von den tiefsten Geheimnissen des Lebens, beantwortete seine Fragen, ohne dass er sie stellen musste. Der Gott befahl ihm auch, einen Tempel zu seiner Verehrung zu errichten, dann schien der Pilger in einen Wirbel aus Farbe mit einem dunklen Zentrum zu fallen.

Als er wieder zu sich kam, dämmerte der Morgen. Er war wieder unter seinen Begleitern, doch durch das Erlebnis hatte er sich verändert. Nach einigen weiteren Zeremonien außerhalb des Tempels begab sich die Gruppe auf die lange Heimreise.

GEGENÜBER
Wahrscheinlich durften nur die höchstrangigen Chavín-Pilger die oberste Terrasse des Tempels betreten und durch das schwarzweiße Tor (gegenüber, Mitte) in den Neuen Tempel gehen. Bei der Konstruktion des Portals wandte man solche Sorgfalt an, dass sogar die Füllsteine genau ausgerichtet waren, obwohl man sie nie sehen konnte. Die Füllung erkennt man hier oberhalb und an den Seiten des Portals, wo die Steinverkleidung zerstört wurde.

DIE BLÜTE CHAVÍNS

Nur einige Details der Reise des Pilgers nach Chavín de Huantar vor zweieinhalbtausend Jahren sind Vermutungen. Obwohl erfunden, beruhen diese Ereignisse auf sorgfältiger Auswertung architektonischer, archäologischer und kunsthistorischer Erkenntnisse. Die Tempelanlage von Chavín de Huantar liegt in einem zum Amazonas entwässernden Hochtal. Der Tempel steht an einem Pass, der nach Westen durch die Berge in das Santa-Tal und zum Pazifik führt. Chavín war daher in einer idealen Position, Pilger und andere Besucher, aber auch Waren aus allen drei Hauptlandschaften der Anden in Empfang zu nehmen.

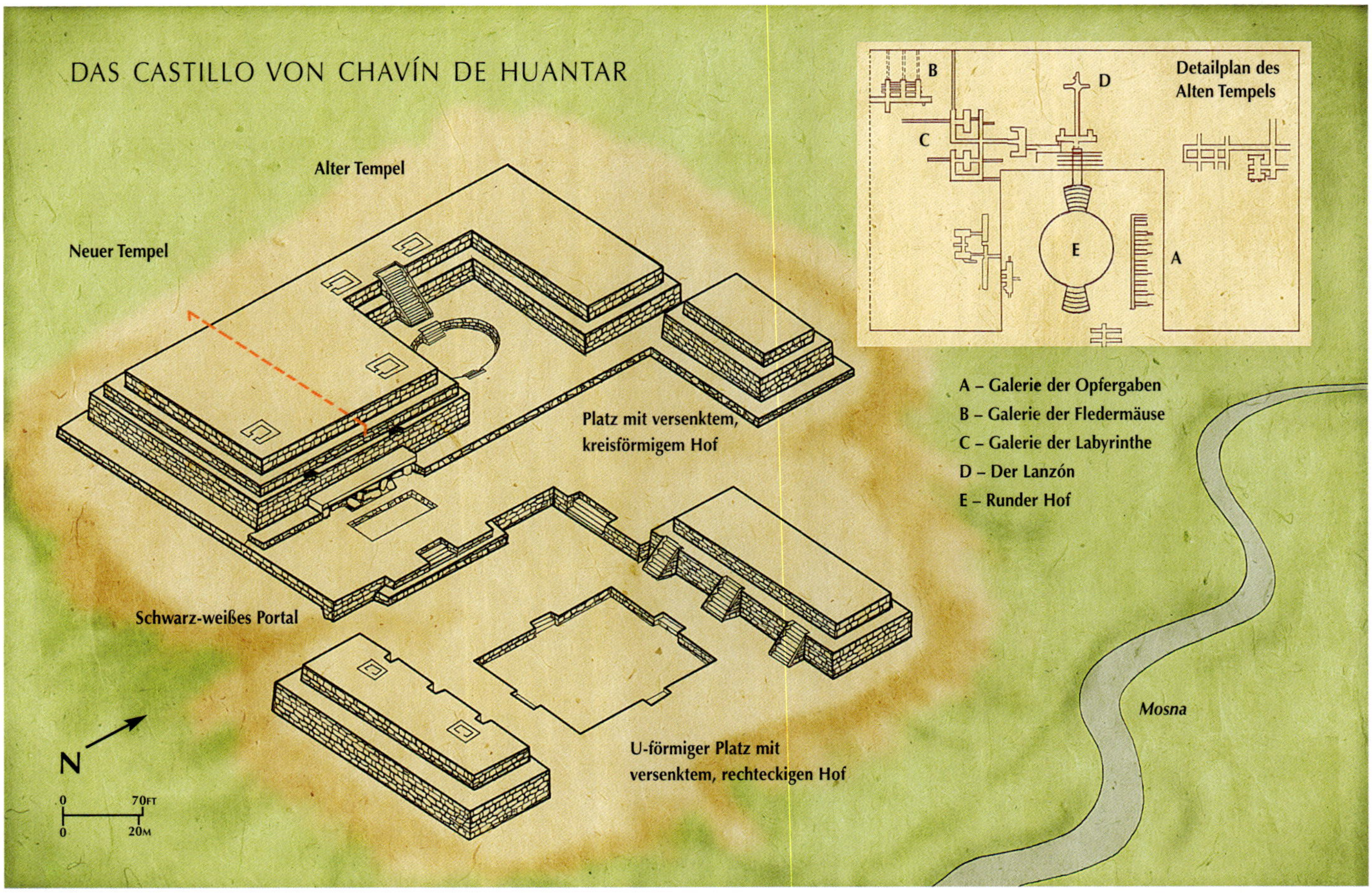

OBEN

Der Tempel von Chavín wuchs im Lauf der Zeit mit den Reichtümern, die die Pilger dorthin brachten. Zum Alten Tempel (rechts) wurde am Höhepunkt der Macht Chavíns (um 400–200 v. Chr.) der massive Neue Tempel, das Castillo, dazugebaut, zu dem man durch das Schwarz-weiße Portal kommt. Auf dem Platz vor dem Alten Tempel befindet sich ein kreisförmiger, abgesenkter Hof. Beim und im Komplex des Alten Tempels gibt es eine Reihe von Galerien, darunter die Galerie der Opfergaben (A), die Galerie der Fledermäuse (B) und die Galerie der Labyrinthe (C). Im Zentrum steht der Lanzón (D).

Der Tempel wuchs im Lauf der Zeit, ausgehend von einer kleinen U-förmigen Anlage, dem »Alten Tempel«, erbaut zwischen 1000 und 500 v. Chr. Der Südteil wurde später zum »Neuen Tempel« erweitert (um 500–400 v. Chr.). Der gesamte Komplex wird heute Castillo (»das Schloss«) genannt, eine Fehlbezeichnung der Stätte durch die Spanier. In den folgenden beiden Jahrhunderten erlebte Chavín seine Glanzzeit und sein Ende (um 400–200 v. Chr.).

Ein großer Platz vor dem Castillo konnte leicht einige hundert Menschen aufnehmen. Doch nur wenige konnten gleichzeitig das Labyrinth der engen Gänge im Inneren betreten haben, angeführt von den mit den Windungen und Winkeln Vertrauten. In den Nebenräumen fand man Lebensmittelkrüge, vermutlich Opfer für die Tempelpriester. In einer Reihe anderer kleiner Kammern entdeckte man zerbrochene Tongefäße feinster Qualität. An diesen Stellen dürften Pilger aus verschiedenen Teilen des Alten Peru im Verlauf der Zeremonien die Flaschen und Schalen, in denen sie ihre Opfergaben gebracht hatten, zerschlagen haben. Man weiß nicht, was diese edlen Gefäße enthalten hatten, wir dürfen aber annehmen, dass es sehr wertvolle Dinge waren, die typisch für die Herkunftsorte ihrer Träger waren.

OBEN

Diese Katzenfigur in Blattgold hat einen typischen Chavín-Schwanz, der zu einer Schlange mit Katzenohren wird. Die Profilköpfe vereinen sich und bilden ein frontales Gesicht mit Fängen auf dem Rücken des Tieres. Drei Löcher auf der Rückseite beweisen, dass sie ursprünglich an einen Stoff genäht war. Andere kleine Details weisen auf die Nordküste des heutigen Peru als Ursprung dieses Stücks der Chavín-Kunst hin.

DAS GESICHT DES UNGEHEUERS

Die Geschichte des durch Rauschgift ausgelösten Erlebnisses des Pilgers beruht ebenfalls auf archäologischen Funden. Im *University of Pennsylvania Museum* steht ein Steinmörser in Form eines stilisierten Jaguars mit der Mahlfläche auf seinem Rücken. Das ist nur einer von vielen Mörsern, die man in den alten Anden fand. Paletten zum Inhalieren kennt man aus präkeramischen Funden, die Tradition war also in der Chavín-Zeit schon alt. Der Jaguar ist ein Dschungeltier, und der Dschungel und Dschungelmotive wurden mit Schamanismus und mächtigen, Bewusstsein verändernden Pflanzen assoziiert. Bis heute sind die Schoten und Samen verschiedener Hülsenfrüchte eine bedeutende Quelle traditioneller Halluzinogene in Peru, Bolivien und anderen Teilen Südamerikas. In alter Zeit scheinen diese Stimulanzien nur für rituelle Zwecke verwendet worden zu sein.

Es gibt aber auch andere Hinweise, dass das Inhalieren von Halluzinogenen zu den Erfahrungen der Priester und möglicherweise einiger auserwählter Besucher des Tempels gehörte. Um den Haupttempel von Chavín gab es eine Reihe großer Steinköpfe mit Vorsprüngen oder Zapfen an der Rückseite, mit denen sie in eine Mauer eingesetzt werden konnten (siehe Abbildung Seite 37 und 46). Die meisten dieser Zapfenköpfe sind heruntergefallen und stehen heute im Castillo. Die Skulpturen bilden eine Reihe, beginnend mit eher gutmütigen menschenähnlichen Gesichtern, die sich langsam in

UNTEN
Der Nordküstenstil von Tembladera war Teil der Chavín-Welt. Die Ohrenornamente dieses Keramik-Flötenspielers findet man auch auf dem Lanzón von Chavín, seine Gesichtsbemalung und sein Lendenschurz bedeuten, dass er nicht aus dem Hochland stammt. Überall in den Anden rief man Götter mit Musik an.

RECHTS
Das angeblich zusammen mit dem Figurenlöffel (siehe Seite 45) gefundene Goldhalsband ist in klassischem Chavín-de-Huantar-Stil. Die geflochtenen Ränder und frontalen Köpfe sind sekundäre Stilelemente des Steinkunstrepertoires von Chavín, die hier primäre Funktion haben.

Fratzen von Ungeheuern verwandeln. Auffallende Elemente dieses Wandels vom Menschlichen zum Übernatürlichen sind hervorquellende Augen und vor allem offenbar aus den Nasenlöchern kommende Bänder. Man interpretierte diese Bänder als Auswirkungen inhalierter Drogen. Beim Schnupfen durch die Nase fördern psychotrope Substanzen die Schleimproduktion, und triefende Nasen begleiten die Halluzinationen (siehe Abbildung Seite 34.)

DER GROSSE GOTT VON CHAVÍN

In Chavín de Huantar wurden viele Götter verehrt, und es gibt dort Abbildungen verschiedenster Gottheiten. Tief im Innersten der Tempelanlage aber, im Alten Tempel, steht das als Lanzón bekannte Kultbild. Das spanische Wort bedeutet »Große Lanze«, da die Skulptur wie eine riesige, in den Boden gerammte Speerspitze aussieht. Sie ist viereinhalb Meter hoch, mit annähernd trapezförmigem Querschnitt. Sie steht zumindest seit 700 v. Chr., vielleicht auch schon ein- oder zweihundert Jahre länger, unverändert am Schnittpunkt zweier Tunnel des Labyrinths.

Der Lanzón stellt nach dem Archäologen Richard Burger die »Höchste Gottheit« von Chavín dar, den namenlosen »Großen Gott«. Er hat den Körper eines Menschen und den Kopf eines Ungeheuers mit Fängen. Seine Pupillen stehen hoch in der Augenhöhle, ein häufiges Chavín-Motiv, das Trance symbolisiert. Ein Arm zeigt nach oben, einer nach unten. Der Gott trägt lange Fingernägel, baumelnde Ohrgehänge und einen kunstvollen Gürtel über einer gefransten Tunika. Als 1930 die Kammer des Großen Gottes entdeckt wurde, ging ein Mitglied des Forschungsteams weiter und gelangte in einen kleinen Raum oberhalb des Lanzón. Durch einen Spalt im Fels konnte er seine Kollegen bei der Statue sehen. Als er sie rief, dröhnte seine Stimme dramatisch in der Kammer

LINKS
Der Lanzón, tief im Inneren des Neuen Tempels von Chavín (siehe Skizze Seite 40), steht auf der zentralen Achse des Alten Tempels und der Kreuzungen im Tunnellabyrinth. Der Schaft über seinem Kopf brachte ihm den Namen »Große Lanze« ein, da er wie eine in den Boden gerammte Klinge aussieht. Man findet diese Form noch Jahrhunderte später in der nicht repräsentativen Inka-Skulptur.

darunter. Das lässt vermuten, dass der Große Gott ein Orakel war. Man weiß, dass es bei der Ankunft der Spanier Orakel gab, deren Tradition offenbar weit zurückreichte (siehe Seite 128–131). Im Falle von Chavín sollte wohl der Eindruck erweckt werden, dass die Statue selbst spreche, der Priester, der dem Gott die Stimme gab, war ja nicht zu sehen.

Der kleine Raum, in dem der Lanzón steht, und die verborgene Orakelkammer lassen den Schluss zu, dass nur ein oder zwei Antwortsuchende zugleich zum Großen Gott vorgelassen worden waren. Das Verabreichen psychotroper Drogen an die Pilger könnte ihre Begegnung mit dem Übernatürlichen noch intensiviert haben.

Die Anweisung des Orakels an den Pilger, in seinem Heimatland einen Tempel für den Großen Gott zu errichten, beruht auf gesicherten Erkenntnissen. Die ausländischen Keramiken in der Galerie der Opfergaben beweisen, dass Pilger von weit her gereist waren, und in anderen Teilen Perus entstanden Chavín-Kultzentren. Man darf annehmen, dass eine der Botschaften des Gottes von Chavín de Huantar die Ausbreitung seines Kults war.

EINHEIT AUS DER VIELFALT: KUNST AUS CHAVÍN

Die Chavín-Kunst gilt allgemein als erster großer Kunststil des Alten Peru. Das ist aber nicht ganz richtig, denn schon in der vorangehenden Initialzeit entstanden

RECHTS
Dieser Chavín-Löffel wurde mit großem technischen Geschick aus 22 Gold- und Silberteilen gefertigt, er ist eine der ältesten dreidimensionalen Blattmetall-Skulpturen der Anden. Die Figur bläst eine (silberne) Schneckenmuschel, um die Götter anzurufen. Mit den Kügelchen im Inneren könnte sie als Rassel gedient haben. Man verwendete das Objekt wahrscheinlich in Ritualen mit halluzinogenen Substanzen.

schöne Kunstgegenstände (siehe Kapitel 1). Doch diese Kunst fand ihren Ausdruck in lokalen variablen Stilen, deren Zusammenhang durch gemeinsame Ideen hergestellt wurde. Chavín übernahm diese gemeinsamen Ideen und einige verbreitete Kunststile, interpretierte sie neu und fügte sein eigenes Flair hinzu. Das Ergebnis war eine Kunst mit Elementen von schon Vergangenem, aber auch mit einigem ganz Neuen.

Einige Forscher meinen, Chavín sei hauptsächlich ein religiöser Kult, der seine Botschaft durch Missionare verbreitete, die die lokale Bevölkerung überzeugten, sich dem Kult des Hochlands anzuschließen. Man meinte, dass große, mit Chavín-Motiven bemalte Textilien, die man in Karwa an der Südküste Perus fand, von Chavín-Missionaren als leicht transportierbare Instrumente des Missionsprozesses verwendet worden waren.

Vielleicht hing man sie auf, um Schreine zu bilden, oder man verwendete sie als Lehrmaterialien, um Konvertiten über Gestalt und Wesen des neuen Gottes zu unterrichten. Diese Annahmen erregten großes Aufsehen, sind aber schwer zu beweisen. Einige der Stoffe waren sehr groß. Sie bestanden aus 1 m breiten, zusammengenähten Bahnen, die man nur schwer aufhängen konnte. Vielleicht waren sie eine Art Teppich. Vielleicht dienten sie auch als »Bühne« für Rituale. Außerdem stellen die Stoffe einen Chavín-ähnlichen Gott dar, doch mit Baumwollpflanzen, die aus ihm entspringen. Im Hochland wächst aber keine Baumolle, es handelt sich also um ein für lokale Bedürfnisse adaptiertes klassisches Hochlandmotiv.

DER KAIMAN DES KOSMOS

Das Besondere am schöpferischen Genie der Chavín-Künstler war die Synthese der Symbole von Tropenwald, Hochland und Küste. Eines der mächtigsten Beispiele dieser Mischung ist der Tello-Obelisk, benannt nach dem peruanischen Archäologen Julio C. Tello, der dort in den 1930er Jahren wichtige Entdeckungen gemacht hatte. Wie der Lanzón ist er eine mit Kerben versehene Granitsäule, etwa 2,5 m hoch

LINKS
Einst die Außenwand des Neuen Tempels von Chavín zierende Zapfenköpfe wie dieser hier zeigten die Stadien der Verwandlung eines Menschen in ein übernatürliches Wesen (siehe auch Seite 37). Der leere, starrende Blick dieses Menschenkopfes zeigt ein frühes Stadium von Trance im Drogenrausch. Der Schleim beginnt gerade erst aus der Nase zu fließen.

UNTEN
Eine der spektakulärsten Skulpturen von Chavín ist der Tello-Obelisk, der einen anthropomorphen Kaiman als Schöpfer nützlicher Pflanzen und Tiere darstellt. In der Kerbe nahe der Spitze ist ein Stufenkreuz mit einem Kreis in der Mitte, ein Motiv, das die Einheit des Kosmos symbolisiert. Dieses in der präkolumbischen Zeit weit verbreitete Motiv findet man bis heute in der Kunst der Anden.

und 30 cm breit, mit vier flachen Seiten. Er ist über und über mit Gravierungen eines hybriden Ungeheuers, von Schlingpflanzen und verschiedenen Kreaturen bedeckt. Das Ungeheuer ist im Wesentlichen ein schwarzer Kaiman, ein Krokodil-ähnliches Reptil der Tropenwälder, das bis zu 6 m lang wird. Dieser kosmische Kaiman steht aufrecht, vielleicht fliegt er, denn er trägt die Schwanzfedern eines Falken oder Adlers, verbindet also die Merkmale des Herrn der Lüfte mit denen des Herrn des Wassers.

An jeder Seite sind Abbildungen von Nutzpflanzen. Beim linken Kaiman (»Kaiman A«) wachsen Manioc und Erdnüsse im Boden, beim rechten Kaiman (»Kaiman B«) Chili und Flaschenkürbis über der Erde. Donald Lathrap nahm an, dass Kaiman A für die Unterwelt stand, Kaiman B für den Himmel. Die Statue vereint zahlreiche Gegensätze: Regenzeit und Trockenheit, Tiere und Pflanzen, oben und unten. Auch ein Stufenkreuzmotiv, das die kosmische Einheit symbolisiert, erscheint am Lanzón, es kann das Zeichen des höchsten Chavín-Gottes gewesen sein. In seinem Bergheiligtum verband der Tello-Obelisk Symbole des Tropenwaldes und der Küste, so wie der Tempel und der Kult selbst – Chavín de Huantar wurde damit zum Zentrum des Kosmos proklamiert.

DER GOTT DER ZWEI STÄBE

Lanzón und Tello-Obelisk stellen die beiden wichtigsten Chavín-Gottheiten dar. Der Raimondi-Stein ist ein behauener Sockel, der ebenfalls die höchste Gottheit repräsentiert, er ist beachtenswert wegen der blendenden Darstellung der künstlerischen Magie Chavíns. Der Gott blickt den Betrachter direkt an und trägt einen hohen, gestreiften Kopfschmuck. Verkehrt herum gesehen verwandelt sich die Kopfbedeckung in eine Reihe von Monsterfratzen über dem Gesicht des Gottes, der nun eher lächelt als finster blickt. Beobachter in früherer Zeit konnten das nur sehen, wenn sie einen Kopfstand machten, vielleicht nahmen sie es im Drogenrausch war, der ihre Ehrfurcht verstärkte.

UNTEN
Eine von zwei vermutlich aus Chongoyape an der Nordküste stammenden Metallplatten mit Blattgold, entweder Teil eines Ohrschmucks oder auf ein Gewand genäht. Sie zeigt die Hauptgottheit von Chavín, wie sie auf dem Lanzón (Seite 44) und der Raimondi-Stele (gegenüber) dargestellt ist. Die Hauptelemente des Gottes – sein großer Kopf und die frontale Position – werden hier betont.

RECHTS
Diese Detail der Raimondi-Stele zeigt die Perfektion der Chavín-Steinskulpturen. Die flache, polierte Oberfläche, scharf geschnittene Linien und Vertiefungen wurden ohne Metallwerkzeuge in Granit gemacht. Als Stab-Gott bekannt ist es eine Variante der Hauptgottheit von Chavín. Wenn man ihn umdreht, verwandelt sich sein Kopfschmuck in einen Monsterkopf.

Eine andere Darstellung des höchsten Gottes von Chavín taucht auf einer Steintafel auf, die einst die Mauer des Neuen Tempels geschmückt haben dürfte, eines großen Gebäudes, das an den Alten Tempel angebaut wurde. Der Gott hatte Schlangenhaar nach Art der Medusa und hielt eine Strombus(Schnecken-)Muschel in seiner Rechten und eine Spondylusmuschel in der Linken, eine Darstellung des männlichen und weiblichen Prinzips. Andere Tafeln zeigen einen Schmetterling oder eine Fledermaus, einen Viscache (ein großes Nagetier) und andere Geschöpfe.

Die Rolle dieser Tiere im Pantheon der Chavín-Götter ist weitgehend unklar. Vor dem Alten Tempel war ein versenkter, runder Platz mit einer Götterprozession geschmückt, und parallel darunter mit einer Jaguarparade. Andere Skulpturfragmente zeigen Götter oder Menschen mit Messern und Trophäenköpfen, eine große Skulptur zeigt einen Raubvogelkopf. Ein langes Relief übernatürlicher Wesen mit Kaimanzügen zierte den Eingang zu dem großen, rechteckigen Platz vor dem Neuen Tempel – vielleicht dieselbe Kaimangottheit wie am Lanzón.

TEMPELWÄCHTER

Der Kult von Chavín und seiner Götter entwickelte sich im Lauf der Jahrhunderte während des Bestands des Tempels. Jaguare und Adler waren kleinere Chavín-Gottheiten – sie erscheinen nicht nur am versenkten Platz vor dem Alten Tempel, sondern ziehen sich auch über die Front des Neuen Tempels. Über dem Haupteingang des Neuen Tempels gehen einige Hybridwesen mit Vogel- und Katzenelementen aufeinander zu.

LINKS
In diesem Ausschnitt eines Steinreliefs von Chavín den Huntar kann die Zunge des frontal abgebildeten Ungeheuers als Serie von Profilgesichtern gesehen werden, wobei das letzte ein Maul mit Fängen trägt (das selbst wiederum die linke Seite einer frontal blickenden Kreatur ist). solche optischen Effekte sind ebenso wie die zweiseitige Symmetrie Markenzeichen des Chavín-Stils.

RECHTS
Die trockene Nordküste Perus bewahrte sonst vergängliche Dinge wie diesen Knochenspatel mit seinen feinen Schnitzereien mit Katzen-, Vogel- und Menschenmotiven. Der Spatel, an dem rote Pigmentspuren zu finden sind, wurde vermutlich zum Schnupfen von Halluzinogenen verwendet, so wie der oben abgebildete Gold- und Silberlöffel (siehe Seite 45).

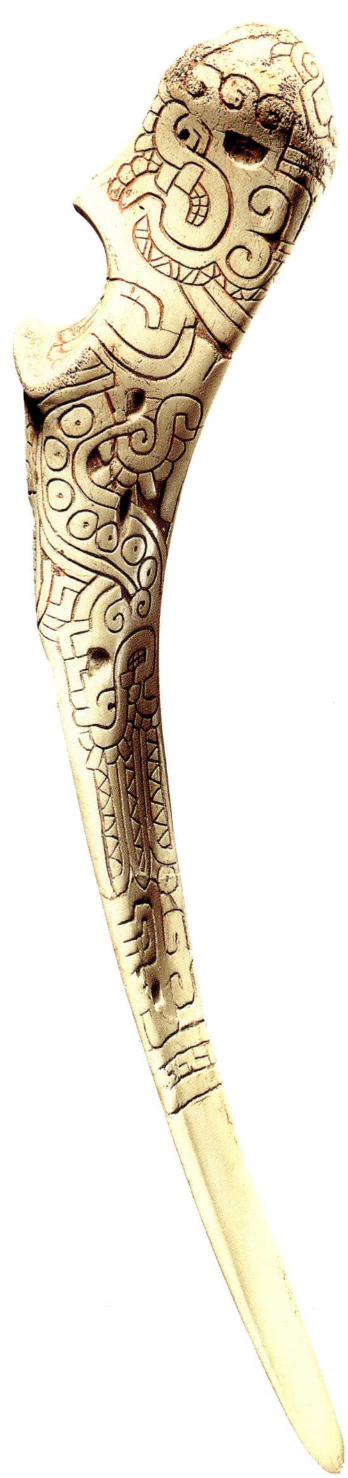

Eine andere Dokumentation des Andendualismus ist die Verwendung von schwarzem Kalkstein und weißem Granit beim Eingangstor des Tempels. Der Dualismus wiederholt sich in den Reliefs der beiden großen Steinsäulen des Portals: Auf einer ist ein anthropomorpher weiblicher Schopfadler mit Attributen des Wassers dargestellt, auf der anderen eine ähnliche männliche Figur mit Himmelssymbolen. Diese Adlergötter waren die Wächter des Eingangs zum damals heiligsten Schrein der Anden. Aber es kam eine Zeit, da der Hochlandtempel von Chavín de Huantar aufgegeben wurde und Pilger nicht mehr hier hielten – außer vielleicht um einem alten Kult zu opfern, an dessen Macht man sich auch noch erinnerte, nachdem die Namen seiner Götter vergessen waren.

NACH DEM FALL

Man weiß heute nicht, ob die kulturelle Einheit, die Chavín achthundert Jahre lang erhielt, langsam verschwand oder plötzlich auseinander brach. Eine oder mehrere Klimakatastrophen wie El Niño mit zerstörerischen Niederschlägen an der Küste und extremer Trockenheit im Hochland könnten eine Rolle gespielt haben. Eine vitale Religion kann jedoch normalerweise Naturkatastrophen überstehen oder sich zumindest erneuern. Dass die Chavín-Religion völlig verschwand, muss auch soziale und kulturelle Ursachen gehabt haben, Naturkatastrophen waren dann vielleicht nur der letzte Auslöser.

Was immer die Gründe waren, dem Zusammenbruch von Chavín folgte Instabilität. In Chavín selbst erinnern Schichten zerbrochener Tonwaren vor den einst heiligen Gebäuden an die auf dem Römischen Forum kampierenden Barbaren. Andere Talgemeinden zogen zum Schutz auf die Hügel. Ihre neuen Siedlungen waren roh zusammengebaut und oft von Mauern umgeben. Muschelschalen und Fischgräten zeugen von Reisen an die Küste und von der Nahrungsversorgung auf den steilen Hängen.

FARBEN DER EWIGKEIT

DIE BLÜTE VON PARACAS

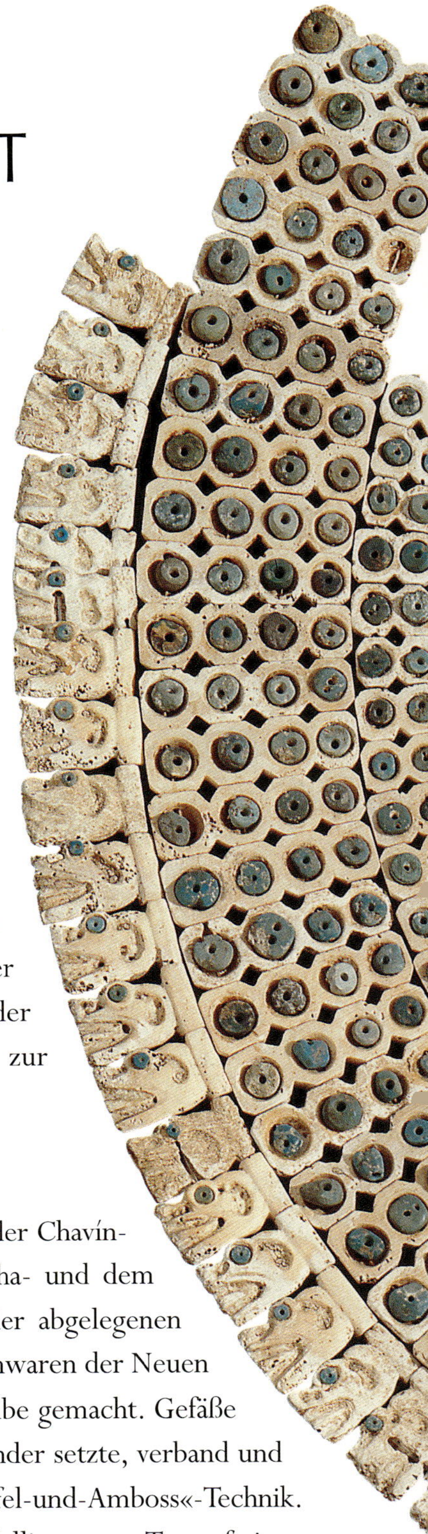

GEGENÜBER
Prächtiges Muschel und Chalkanthit-Pektorale in einem jahrhundertelang im Alten Peru populären Stil. Die kleinen Profil-Katzenköpfe deuten jedoch an, dass es aus der Chavín-Zeit stammt, gleichzeitig mit Paracas. Die wiederverwendeten, gedrehten Perlen waren einst Teil einer Halskette und steigerten den Wert des Halsgehänges durch ihr Alter und den Status seines früheren Besitzers.

Auf die dunkle Zeit nach dem Untergang von Chavín folgten neue kulturelle Formen mit typisch regionalem Charakter. Die Menschen an der Südküste Perus hatten Chavín-Missionare empfangen oder einfach an einem allgemeinen Chavín-artigen Kult partizipiert. Jedenfalls entwickelten sie früh eine eigene Keramiktradition, die eine der farbenprächtigsten der Anden war. Chavín-Töpfer beherrschten meisterhaft die handgefertigte Keramik und stellten kunstvoll modellierte Figuren her, in die oft fein verschlungene Muster geschnitten waren, wie bei ihren Steinreliefs. Chavín-Töpfer erzeugten vor allem dunkelbraune und schwarze Keramiken mit strukturierter und/oder spiegelblank polierter Oberfläche. Die Bewohner der Südküste hingegen fanden einen ganz anderen Zugang zur Keramik.

KREATIONEN AUS LEHM: DIE TÖPFERKUNST

Von etwa 800 bis 100 v. Chr. – also ungefähr gleichzeitig mit der Chavín-Kultur – war der Paracas-Keramikstil zwischen dem Chincha- und dem Acarí-Tal in Südperu verbreitet. Der Namen kommt von der abgelegenen Halbinsel Paracas, etwa 240 km südlich von Lima. Wie alle Tonwaren der Neuen Welt wurden auch die von Paracas nicht mit dem Töpferscheibe gemacht. Gefäße machte man mit »Spulen« (Ringen) von Ton, die man aufeinander setzte, verband und glättete. Eine andere Methode ohne Scheibe war die »Schaufel-und-Amboss«-Technik. Dabei formte man den Unterteil eines Gefäßes durch Aufmodellieren von Ton auf einen anderen Topf oder sonst eine Form, dann gab man Ton hinzu und klopfte ihn sanft darauf, um das Gefäß aufzubauen. Meist verwendete man eine hölzerne Schaufel, um den Ton zu

klopfen. In der anderen Hand hielt man einen glatten Stein, den »Amboss«, über dem man den Ton formte. Obwohl vielerorts Modeln aufkamen, blieb die Handfertigung bei den Moche und anderen an der Nord- und Südküste populär.

Die Paracas-Töpfer behandelten ihre Kreationen als Gemälde. Sie machten zwar auch Einkerbungen wie die Chavín-Töpfer, doch füllten sie die Linien, die sie schnitten, tief mit kräftigem Rot, Umbra und gelber Farbe mit weißen, blauen oder grünen Hervorhebungen. Die Gefäße wurden vor dem Brennen gekerbt und danach bemalt, und diese Bemalung nach dem Brennen ist ein Charakteristikum der Paracas-Keramik. Nahezu einzigartig in den Anden ist die Mischung von Farbe mit geronnenem Harz, wodurch eine sehr dicke Schicht entsteht.

OBEN
Paracas-Künstler drückten die Chavín-Symbolik in eigenem Stil aus. Auf diesem Paracas-Topf ist das Gesicht einer Chavín-Gottheit in sehr stilisierter, geometrischer Form eingeritzt. Die Bemalung mit Erdtönen nach dem Brennen ist typisch für Paracas-Keramiken, der Doppelausguss mit Brücke blieb an der Südküste für Jahrhunderte populär.

Die Motive der Paracas sind sehr abstrakt und geometrisch – einige sind Monstergesichter wie bei den Chavín, allerdings auf parallele Linien, Bögen und Kreise reduziert. Modelliert wurden vor allem Köpfe von Vögeln und ähnlichen Geschöpfen, die einen von zwei mit einer Brücke aus Ton verbundenen Schnäbeln zierten. Diese Form des »Doppelschnabels mit Brücke« wurde auch anderswo in den Anden verwendet, war aber an der Südküste von Peru besonders beliebt und gehörte in der ganzen Anden-Frühgeschichte zum Stilrepertoire der besten Keramiken.

In der späteren Paracas-Zeit gaben einige Töpfer die dichte Bemalung der gebrannten Gefäße zugunsten leichterer Effekte auf. Einige Gefäße, zum Beispiel Darstellungen von Kürbissen, wurden einfach vor dem Brennen ganz in dünne Farbe oder Glasur getaucht. Andere Gefäße wurden geglättet und ihre Oberfläche mit Wachs oder anderen Substanzen behandelt, bevor sie glasiert und gebrannt wurden. Die Glasur blieb nicht am Wachs haften, und nach dem Brennen blieb die ursprüngliche hellere Oberfläche an den Stellen, wo das Wachs schmolz, sichtbar, während die glasierten Stellen meist dunkler waren.

TOTENKAMMERN

In der graubraunen Landschaft der Südküste strahlte, mehr noch als bunte Keramiken, das Leben ihrer Bewohner. Die Halbinsel Paracas ist heute ein dürres Land mit brennend heißen Sommern und fürchterlichen Sandstürmen. Es gibt keine Flüsse, keinen Regen, keine Pflanzen. Seit dem Frühen Horizont wurde dieses unwirtliche Gebiet aber zum Ort einer besonderen Totenstätte, die einige der schönsten Schöpfungen der Andenkünstler hervorbrachte. Ab 1925 grub Julio C. Tello dort zwei Friedhöfe aus, die Necrópolis de Wari Kayan von Cerro Colorado und Cabeza Larga (auch bekannt als Arena Blanca), weniger als eine Meile entfernt. In beiden Friedhöfen begruben zwei aufeinander folgende und miteinander verwandte Gruppen ihre Toten.

UNTEN
Die imposante kahle Masse der Halbinsel Paracas im südlichen Peru ist ein Ort der Seelöwen, der Flamingos und der Toten. In Nebel gehüllt und von Winden gepeitscht verströmt sie immer noch die Aura des Mysteriums und des Zaubers, der die Völker der Südküste dazu brachte, ihre Eliten in den alten Totenstädten von Wari Kayan und Cabeza Blanca zu begraben.

LINKS
Die Figuren auf den bestickten Paracas-Stoffen wurden als Priester oder Schamanen interpretiert, die als Götter gekleidet sind. Diese mit Harz bemalte Paracas-Maske könnte in so einem Ritual getragen worden sein. Kleine Löcher am Rand zeigen, dass ein Stoff oder Umhang daran befestigt war, der ihren Träger verbarg.

RECHTS
Keramikfiguren sind in der Paracas-Kunst relativ selten. Dass Augen und Mund geschlossenen sind, kann bedeuten, dass die Person tot, also ein verehrter Ahne ist. Der große Latz kann Kleidung darstellen, vielleicht ist es aber auch ein stilisierter Kragen wie bei dem auf Seite 53 gezeigten Beispiel.

Die frühere Gruppe nennt man Cavernas (»Höhlen«), wegen ihrer unterirdischen Grabkammern, die man durch einen vertikalen Schacht betreten kann. In jedem Grab wurden mehrere Individuen mit Grabbeigaben bestattet, darunter die typischen nach dem Brennen bemalten Paracas-Keramiken. Charakteristisch für die späteren Gräber, die Nekropolen, sind die manchmal riesigen »Mumienbündel«, kunstvoll verpackte, gebeugte Menschenleichen. Die jüngeren Schachtgräber sind kunstvoller angelegt, oft mit quadratischen oder rechteckig gemauerten Kammern. Die Mumien waren in reich bestickte Umhänge und Tuniken eingewickelt, und ihr Kopfschmuck gehörte zum Feinsten, was je an Stoffen in der Welt gefunden wurde. Einige Keramiken in den Gräbern der Nekropole waren im Topará-Stil, einem Vorläufer des Nasca-Stils.

Die Halbinsel ist zwar trocken, doch unter der Wüstenoberfläche gibt es Wasser, und es gibt Hinweise auf menschliche Siedlungen in der Nähe der Friedhöfe. Es ist aber strittig, ob in den Gräbern nur die Ansässigen bestattet wurden oder ob die Halbinsel ein spezieller Totenkomplex war, zu dem man die Verstorbenen von weither brachte. Sicher scheint, dass die Textilien der Gräber und die Grabbeigaben von außerhalb der Halbinsel kamen. Einige Paracas-Gewänder wurden aus Kamelidenwolle (vermutlich Alpaka) aus dem Hochland gewebt. Die Verbindung zu anderen Gemeinschaften war also wesentlich.

Heute weiß man wenig über das Alltagsleben dieser Menschen, die vor allem im Chincha-, Pisco-, Ica- und Rio-Grande-de-Nazca-Tal ansässig waren. Sie dürften in einer hierarchischen Gesellschaft angeführt von Häuptlingen gelebt haben. Die Stätten in Paracas waren spezielle Friedhöfe für lokale Fürsten, die aus ihrer Heimat zur Bestattung gebracht wurden. Ihre Leichen waren in sitzender

LINKS, OBEN
Figuren mit Mensch- und Tiermerkmalen waren im »Blockfarbenstil« von Paracas sehr populär. Diese Figur von einem Paracas-Umhang ist eher menschenähnlich, ihr Gesicht hat aber übernatürliche Züge mit dem Schlangengürtel und einer Schlangenzunge. In einer Hand hält sie einen Stab, in der anderen einen Fächer oder ein gekrümmtes Messer.

LINKS, UNTEN
Diese Figuren auf einem Paracas-Mumienmantel scheinen auf dem Weg in ein spirituelles Reich aneinander vorbeizufließen. Sie sind zwar generell anthropomorph, ihre verdrehten Beine und ihre vorstehende Brust sowie die rückwärts gebeugten Köpfe sind Zeichen des Übernatürlichen.

oder hockender Position fixiert und in mehrere Stoffschichten zu einem »Mumienbündel« verschnürt. In der früheren Cavernas-Phase enthielten die großen Gräber oft mehrere Bestattungen rund um ein zentrales Mumienbündel. Das waren wahrscheinlich Familien oder Clanangehörige. Im späteren Friedhof wurden einzelne große Bündel in eigens konstruierten unterirdischen Grabkammern bestattet.

VORBEREITUNG FÜR DAS JENSEITS

Paracas-Mumien muss man sich als besondere Konstruktionen vorstellen. Die kunstvollsten Gräber von Hochgestellten sind etwa 1,8 Meter hoch und 1,2 Meter breit, sie enthalten über vierzig Fantasiekostüme, dutzende einfache Kleider, sonstige Gewänder, Halsbänder, Nadeln, Nähkörbe und Stäbe (ein Statussymbol). Der gekrümmte Körper wurde aufrecht in einen großen flachen Korb gesetzt und in die vielen Schichten eingehüllt, die ganze Konstruktion wurde noch in Baumwolle oder Blätter gebettet und dann mit einer schlichten Außenhülle umgeben.

Die Mumienbündel enthielten sehr feine Stoffe, vor allem große Umhänge, manche bis zu 1,2 mal 2,75 Meter groß, manchmal doppelt so groß oder noch größer. Die Umhänge sind wegen der vielen Stickereien im »Linearstil« oder im späteren »Blockfarbenstil« außergewöhnliche Kunstwerke. Der Linearstil ist durch parallele, bestickte Streifen auf dunklem Hintergrund mit kunstvollen Bordüren bestimmt. Die Muster enthalten meist Gesichter mit großen Augen und Katzen in komplex verschlungenen S-förmigen Motiven.

Der Blockfarbenstil hat seinen Namen von der Anordnung typischer gestickter Motive in Schachbrettmustern oder ähnlichen Elementen vor dem Hintergrund. Im Gegensatz zum Linearstil verwendet der Blockfarbenstil sehr klare Bilder, zumindest in ihren Grundformen. Sie stellen oft maskierte Menschengestalten mit kunstvollem Kopfschmuck und verschiedenem Beiwerk, darunter Menschenköpfe, dar. Die Symbolik dieser Bilder dürfte viel mit Fruchtbarkeit zu tun haben – besonders mit der

FOLGENDE SEITEN
Doppelköpfige, stilisierte Vögel und Katzenfiguren dominieren die Bordüre dieses Umhangs von der Paracas-Südküste. Er besteht aus Kamelidenfaser, die Farbe besser als Baumwolle aufnahm.

LINKS UND GEGENÜBER
Ein Streifen von Stickerei im Paracas-»Linearstil« (Detail gegenüber). Viele solcher stark gefärbten Bänder wurden auf einem schlichten Hintergrund mit passender Umrahmung angebracht. Der Stoff zeigt eine fantastische Mischung von Bildern mit übernatürlichen Wesen, Schlangen, Trophäenköpfen und Kopfbedeckungen.

vom Leben spendenden Wasser gebrachten Fruchtbarkeit, einem Hauptanliegen im Trockengebiet. Aus einigen Figuren sprießen Kletterbohnen, während das Motiv des als Kriegstrophäe abgetrennten Kopfes – das besonders bei den späteren Nasca sehr beliebt war – eher ein Symbol von Fruchtbarkeit und Regeneration als des Todes war. Die ganze Form des Mumienbündels stellte eine Art Saat dar, mit dem gekrümmten Leichnam eines Ahnen als Kern, der auf die Wiedergeburt wartet – die Speiseopfer und die persönlichen Dinge zeigen, dass die Paracas-Menschen an ein Jenseits glaubten. Vielleicht glaubte man auch, dass von den Verstorbenen Fruchtbarkeit für künftige Generationen ausgeht.

Die erstaunliche Kunst der Paracas-Umhänge zeigt sich nicht bloß in der großen Menge Stickereien, sondern auch im komplexen Design und der Ausführung der Gewänder. Die Farben der Kleider und andere Insignien der gestickten Figuren wurden systematisch zu Mustern kombiniert. So wurde etwa die Farbe der Tunika einer Figur für die Kopfbedeckung der nächsten verwendet, und typische Farbkombinationen, die in jeder Figur vorkamen, zogen sich diagonal über den ganzen Stoff.

Bedenkt man, wie viele Umhänge in einem einzigen Mumienbündel zu finden waren, so war sehr viel Mühe erforderlich, ein komplettes Bündel herzustellen. Unfertige Stoffe und »Muster« – Übungsstücke junger Frauen, die die Techniken und Bilder ihres Handwerks lernten – fand man in einigen Bündeln, der Prozess der Erzeugung der Totengewänder war offenbar sehr langwierig. Eine Schätzung geht von 5000 bis 29000 Arbeitsstunden für die Herstellung eines kunstvollen Mumienbündels aus. Wie die ägyptischen Pharaonen ließen auch die Paracas-Führer die Vorbereitungen für ihre Bekleidung im Leben nach dem Tod schon lange davor beginnen.

Die Tradition der Paracas-Mumienbündel dauert vom späten Frühen Horizont bis zum Ende der Chavín und in die ersten Phasen der darauf folgenden Frühen Zwischenzeit. Dann begann ein neuer Stil die Region zu dominieren, der sein Zentrum im Nasca-Tal hatte, 320 km südlich von Paracas.

Kapitel 3

HEILIGE BERGE, HEILIGE EBENEN

FRÜHE ZWISCHENZEIT

UM 0–650 N. CHR.

LINKS
Nebel verhüllt die Gipfel der Vorgebirge der Anden im Landesinneren nahe dem Nazca-Tal, südlich der Halbinsel Paracas, wo die Nasca-Zivilisation aus der Paracas-Kultur entstanden war.

KUNST, KRIEG UND OPFER

DER AUFSTIEG DER NASCA

Nach einer Zeit weit gehender künstlerischer und kultureller Einheit steuerten die Paracas-Völker einen Kurs, der ihre Kunst vom Chavín-Stil wegführte, der sie ursprünglich inspiriert hatte. Der Paracas-Stil bestand während der folgenden kulturgeschichtlichen Ära der Frühen Zwischenzeit und ging dann unter. Damals entstand mehr als 160 km weiter südlich ein neuer Stil im Nazca-Tal. Die Kunst der Nasca-Völker gehörte zu den dynamischsten und kraftvollsten der Anden.

Wir wissen wenig über das Leben der gemeinen Leute bei den Nasca, doch dürften viele der kunstvollen Keramiken und Stoffe von lokalen Handwerkern in kleinen Dörfern und Weilern gefertigt worden sein. Die riesige architektonische Anlage von Cahuachi auf einer Fläche von 1,5 Quadratkilometern galt früher als die mächtige Hauptstadt eines Nasca-Staates. Forschungen zeigten aber, dass viele der vierzig Hügel aus der Blütezeit ihrer Besiedlung bloß überformte natürliche Erhebungen waren. Helaine Silverman meint, dass Cahuachi vor allem ein leeres Kultzentrum mit nur wenigen Bewohnern war. Die meisten Menschen lebten auf dem Land und besuchten von dort aus in Gruppen Chuachi, um ihre Rituale zu feiern. Mindestens so viele, wenn nicht mehr Anstrengungen steckten die Nasca in die Errichtung unterirdischer Leitungen zur Bewässerung trockener Gebiete weiter unten im Tal. Die Tunnel wurden in natürliche Wasserläufe zur Aufnahme des Oberflächenwassers gegraben und versorgten Gebiete, die dicht besiedelt und intensiv landwirtschaftlich genutzt waren. Wasser war die Hauptsorge der Völker in den trockenen Küstenzonen, und eine Theorie bringt die berühmten »Nasca-Linien« dieses Gebiets mit einem Kult in Verbindung, der Wasser in die trockenen Abschnitte des Tals bringen sollte (siehe Seite 74–77).

LINKS
Panflöten aus Nasca-Keramik mit im Wüstensand konservierten Verschnürungen und dekorativen Stoffstreifen. Die bei Nasca und Moche beliebten Panflöten wurden in verschiedenen Größen erzeugt.

RECHTS
Das Interesse der Nasca für Köpfe führte nicht nur dazu, im Krieg Trophäenköpfe zu nehmen, sondern auch dazu, die Überreste ihrer eigenen Köpfe kunstvoll zu bearbeiten.

LINKS
Die Nasca verdankten einen Teil ihres Erfolgs ihrer Beherrschung der Wasserreserven, wie diese Zisternen, die im Kultzentrum der Nasca, in Cahuachi, von unterirdischen Leitungen gespeist wurden. Die mit Steinen eingefasste spiralförmige Rampe könnte religiöse Bedeutung gehabt haben, sie war aber auch ein effizientes Mittel, tief hinunterzukommen und schwere Wasserkrüge heraufzutragen.

LINKS
Gewänder aus bunten tropischen Vogelfedern, die am Stoff befestigt waren, gehörten zum wertvollsten Besitz der Völker des Alten Peru. Der stilisierte Affe oder Mensch auf diesem herrlichen Nasca-Gewand ist eine ungewöhnliche, aber sehr beeindruckende Figur.

UNTEN
Dieser Nasca-Bilderkrug im »wuchernden« Stil stellt einen Mann mit stilisiertem Katzen-Schnurrbart und Kopfschmuck dar. Die Trophäenköpfe über seinen Schultern und um seinen Hals belegen seinen Status als hochrangiger Krieger.

FARBENREICHTUM

Nasca-Künstler schwelgten in reichen, vielfältigen Farben. Sieben Jahrhunderte lang, von 100 v. Chr. bis 600 n. Chr., beherrschten die Nasca-Töpfer die Bemalung ungebrannter Gefäße mit dünnen Streifen in acht verschiedenen stilistischen Phasen. Am Höhepunkt ihrer Kunst, etwa in der Mitte dieser Perioden, verwendeten sie dreizehn Farben zum Verzieren eines einzigen Topfes. Alle Bilder waren schwarz umrahmt, vielleicht eine Nachahmung der Vorliebe der Paracas für Ritzungen, es gibt aber im Lauf der Zeit charakteristische Veränderungen bei den Nasca-Keramiken. Frühe »Proto-Nasca«-Keramiken (oder Phase 1 Nasca) weisen noch die dicke Bemalung und die Ritzungen des früheren Stils auf. In den »monumentalen« Nasca-Arbeiten (Phasen 2–4) zierte ein einzelnes Tier oder mythisches Wesen den Boden eines Tellers oder einer flachen Schale, an der Außenseite tieferer Gefäße gab es Prozessionen von Tieren. Die folgenden »wuchernden« Sub-Stile brachten immer dichtere Bilder auf die Oberfläche von Tonwaren. Zu den sich mit der Zeit ändernden Motiven gehörten militärische Themen wie Krieger, Trophäenköpfe (im Krieg als Trophäen genommene Menschenköpfe) und Götter oder Verkörperungen von Göttern (als Götter gekleidete Priester oder Schamanen bei Ritualen). Später bestanden letztere aus zahlreichen Gesichtern oder Masken, verbunden durch lang geschwungene Zungen oder Linien und Seilen, die vielleicht an Trophäenköpfe erinnern sollten.

Die Nasca waren berühmt für ihre Stoffe und Goldobjekte, und in der Kunst finden sich auch Darstellungen von Kultgeräten aus Gold. Auch die in der Zeit des Mittleren Horizonts weit verbreiteten Panflöten waren bei den Nasca sehr beliebt (siehe Seite 66) und sind heute Symbol der Andenmusik.

UNTEN
Ein ausgerolltes Bild der verzierten Seite einer Schüssel im »wuchernden« Stil betont die Obsession der Nasca für Trophäenköpfe. Die verschiedenen Hautfarben sind nicht bloß Dekoration, sondern verweisen auf die Vielschichtigkeit der im Kampf besiegten Feinde.

DIE MACHT DES KOPFES

Trophäenköpfe wurden bei den Nasca hoch geschätzt (siehe Abbildungen unten und Seite 67 und 71). Sie dürften symbolisch mit der Idee der Quelle der Fruchtbarkeit verbunden gewesen sein. Der Kopf erfuhr aber auch andere Aufmerksamkeit. Die Nasca und andere Völker der Südküste veränderten besonders gerne die Kopfform von Kindern, indem sie sie an ein Wickelbrett banden. Beim Heranwachsen erlangte ihr Kopf eine charakteristische Form, anscheinend ohne Beeinträchtigung der Gehirnfunktionen. Funde aus Gräbern brachten viele verschiedene Arten bewusster Schädeldeformationen im Alten Peru zutage – abgeschrägte Stirn und konische Formen scheinen besonders beliebt gewesen zu sein. Ein weiterer Hinweis auf die Beschäftigung mit Köpfen ist die Praxis der Trepana-

RECHTS
Ein Paar nackter Figuren aus Walknochen geschnitzt, Kopfschmuck aus bemalter Muschel. Einst könnten sie feine Miniaturkostüme getragen haben. Die bei den Nasca beliebte angeflachte Stirn entstand durch Bandagieren der Köpfe von Kleinkindern.

tion, die ebenfalls an der Südküste verbreitet war. Dabei wurden absichtlich Löcher in den Schädel gebohrt und das Gehirn freigelegt. Die Entdeckung von Schädeln mit verheilten Wunden zeigt, dass der Patient die Prozedur meist überlebte – oft wurde sie mehrfach wiederholt. Einige dieser Operationen wurden zur Behandlung von vermutlich beim Kampf entstandenen Kopfverletzungen durchgeführt, andere dürften der Versuch gewesen sein, Krankheiten zu heilen, deren Ursprung man im Gehirn vermutete. Oft ist aber kein Grund ersichtlich – eine Theorie besagt, dass Trepanationen durchgeführt wurden, um Visionen auszulösen.

LINIEN IN DER WÜSTE

Zu den bemerkenswertesten Beispielen alter Landschaftsarchitektur der Neuen Welt gehören die Wüstenmarkierungen der Südküste Perus. Man findet sie an vielen Orten, konzentriert sind sie aber in der Pampa de Nasca. Ursprung und Zweck dieser »Nasca-Linien« waren oft Anlass hoch spekulativer Interpretationen. Jedenfalls fand man Tonscherben im Nasca-Stil in der Nähe, und Holzpfähle, die zum Anlegen der Linien verwendet wurden, konnte man mit der Radiokarbondatierung der Nasca-Zeit zuordnen. Diese Hinweise stützen die Theorie, dass die Linien von den lokalen Bewohnern gemacht wurden. Zwei Leute könnten mit Stäben, Schnüren, einfachen Sichtgeräten und Besen viele dieser Linien durch Bewegen von Steinen, einfaches Wegkehren der dunkleren Oberflächenschicht und Freilegen der helleren unteren Schichten erzeugt haben.

RECHTS UND UNTEN
Es gibt hunderte Linien in der Nasca-Ebene, aber nur etwa 30 Figuren wie diesen Kolibri (rechts). Der auch auf dem Nasca-Gefäß unten abgebildete Kolibri wurde wegen seiner Aggressivität und Schnelligkeit geschätzt. Das sind ideale Merkmale eines Kriegers. Solch friedliche Szenen konnten also eine kriegerische Symbolik beinhalten.

Die Linien konzentrieren sich in einem Gebiet von 10 km Länge, das über einem Fluss liegt. Sie entstanden im Verlauf von mehr als 2000 Jahren. Das und die Tatsache, dass verschiedene Arten von Linien einander oft überlagern, macht ihre Erforschung schwierig. Die Bilder sind figurale Motive von Tieren und Pflanzen (Affe, Spinne, Killerwal, Kolibri, Blume). Es gibt auch abstrakte und geometrische Formen und schlichte gerade Linien, die manchmal von »Strahlenzentren« ausgehen und mehrere Kilometer lang sind. Einige dieser Linien sind zu groß, als dass man sie vom Boden oder von nahen Hügeln aus ganz überblicken könnte, andere kann man leicht von lokalen Erhebungen aus sehen.

RITUELLE WEGE UND WASSERKULT

Wahrscheinlich wurden verschiedene Linienarten in den vielen Jahrhunderten ihrer Entstehung in der Pampa de Nasca für verschiedene Zwecke gemacht. Man meint, dass die figuralen Abbildungen einen astronomischen Kalender darstellen, es gibt jedoch keine gesicherten Beweise für diese Theorie. Die Tatsache, dass die Bilder aus durchgehenden Linien bestehen, die einander nie schneiden, bedeutet nach

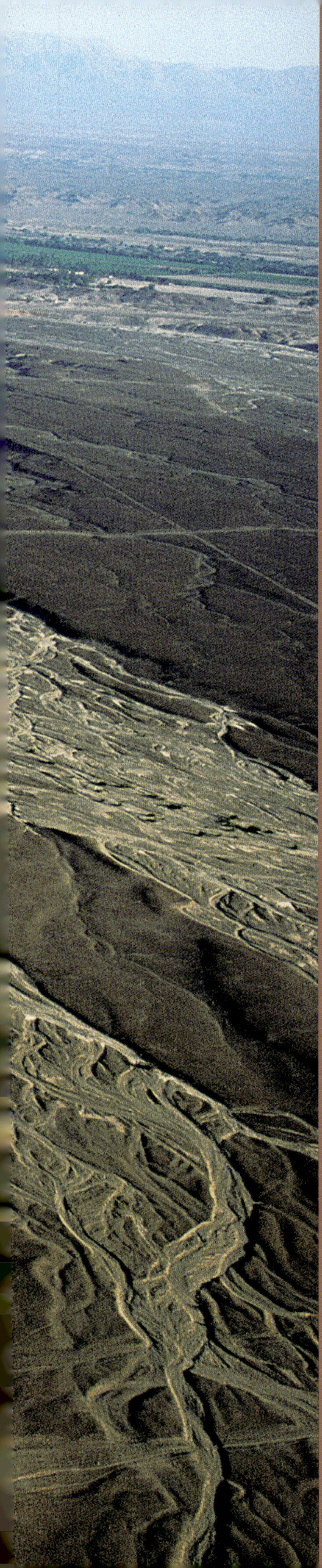

Ansicht mancher Forscher, dass sie – so wie einige der geraden Linien – als rituelle Wege dienten, ähnlich den für Meditationen verwendeten Labyrinthen mittelalterlicher Kirchen, die die Straße nach Jerusalem symbolisieren sollten. Eine der Nasca-Markierungen ist tatsächlich labyrinthartig, sie besteht aus einer Spirale, die, wenn man ihr folgt, auf einer einzigen Linie vom Rand ins Innere der Markierung und wieder hinaus führt.

Anthony F. Aveni und seine Kollegen meinten, dass die Linien und geometrischen Figuren einem Ritual dienten, mit dem Wasser von den Bergen ins Tal gebracht werden sollte. Sie dokumentierten 62 Strahlenzentren und 750 damit verbundene Linien, die sich über 200 Quadratkilometer erstrecken. Viele davon lagen auf natürlichen Erhebungen, am Fuß von Bergen und über Flussbetten, was zu dem Schluss veranlasste, dass die Strahlenzentren mit einem Wasserkult in Verbindung standen. Solche Kulte waren in der Wüste natürlich sehr verbreitet, und Dürre und Flut, ausgelöst von El Niño, spielten eine wesentliche Rolle in der Religion der Anden, aber auch beim Aufstieg und Fall ganzer Kulturen.

LINKS
Die häufigste Form der Nasca-Wüstenmarkierungen sind gerade Linien und geometrische Figuren, wie dieses spektakulär ausgedehnte Trapezoid. Wahrscheinlich hatten sie über die Jahrhunderte verschiedene Zwecke und Bedeutungen, je nach Entstehungszeit.

OBEN
Das riesige Affenbild ist eine der bekanntesten Wüstenmarkierungen der Nasca. Es ist besonders interessant, weil es ein Tier des Tropenwaldes mitten in der Wüste darstellt. Vielleicht hielten die Völker der Südküste solch exotische Tiere gefangen.

HERREN DES NORDENS

DIE MOCHE UND IHRE WELT

GEGENÜBER
Die Hauptgottheit der Moche wird in diesem vielfarbigen Fries mit Doppelfängen aus Huaca de La Luna in Cerro Blanco, der Moche-Hauptstadt, dargestellt. Erst in jüngster Zeit entdeckte man bunte Moche-Friese und Wandmalereien in größerer Zahl.

Der Weg, den die Völker der peruanischen Nordküste nach dem Niedergang Chavíns einschlugen, verlief ganz anders als der ihrer Zeitgenossen im Süden. Während die Paracas- und Nasca-Künstler mit ihren Keramiken und Stoffen in reichen Farben schwelgten, setzten die der Salinar- und Gallinazo-Kulturen an der Nordküste die Chavín-Tradition mit polierten Tonwaren in einer einzigen, meist hellen Farbe fort (die auch von der Cupisnique-Kultur gepflegt wurde).

Abgesehen von den erhaltenen Keramiken weiß man wenig über die Salinar- und Gallinazo-Kulturen. Die unruhigen Zeiten nach den Chavín lassen sich an den kunstvoll bearbeiteten, aus einem einzigen Steinblock geschnittenen Salinar-Streitkolben erahnen. Klingen und Spitzen wurden bei diesen Streitkolben kreativ kombiniert,

RECHTS
Der große Plattform-Grabhügel von Cerro Blanco, heute bekannt als Huaca del Sol. Einst glatt und bunt bemalt, fiel er über die Jahrhunderte der Erosion des El-Niño-Regens und Plünderern zum Opfer. Mehr als 100 Millionen Adoben-Ziegel wurden für den Bau eines der größten Grabhügel der Neuen Welt verwendet.

GEGENÜBER
Moche-Metallfigur einer Eule. Die Moche assoziierten die Küsten-Eulen mit Tod und Unterwelt, wahrscheinlich wegen ihrer Gewohnheit, in der weichen Erde alter Grabhügel zu wühlen. Als Raubvögel waren sie auch Symbol des Kriegers.

um monumentale Objekte zu schaffen. Kerben an einigen dieser Streitkolben lassen vermuten, dass sie wirklich im Kampf verwendet wurden.

Gallinazo im Viru-Tal war die erste Kultur, die riesige Anlagen aus erhöhten Adoben-Plattformen errichtete. Frühere Zeremonienzentren waren Variationen des U-Grundrisses des späten Präkeramikums und der frühen Initialzeit (siehe Kapitel 1), gelegentlich mit erhöhten Plattformen. In der Frühen Zwischenzeit nahmen die Zeremonienzentren an der Nordküste die Grundform eines einzelnen Tempels mit einem Platz davor an. Interessanterweise hatten viele Stätten zwei solcher Tempel, vielleicht eine Fortführung der Idee des Dualismus. Viele Tempel waren riesig, sie bestanden aus übereinander gestapelten Plattformen in Art der Zikkurate des Nahen Ostens.

DER AUFSTIEG DER MOCHE

Gallinazo dürfte älter als die berühmte Moche-Kultur gewesen sein und viele Praktiken geschaffen haben, die dort fortgeführt wurden. Neuere Forschungen weisen darauf hin, dass die Bevölkerung und die Praktiken von Gallinazo noch einige Zeit neben den neuen Kulten und Kulturen der Moche weiterbestanden und dann schließlich in ihnen aufgingen.

Die Moche-Kultur entstand etwa am Beginn unserer Zeitrechnung entlang der Flüsse Moche und Chicama und beherrschte schließlich die ganze Nordküste. Wie die Chavín übernahmen sie alte Ideen, überarbeiteten sie und fügten Neues hinzu. Der Chavín-Kult beruhte auf Mysterien, auf der Begegnung mit den Göttern im Innersten des Tempels – die Moche brachten

OBEN
Die Befestigungslöcher oben an dieser Katzenmaske mit den wilden Fängen aus Knochen bedeuten, dass sie ein Abbild der Hauptgottheit der Moche war und ursprünglich zu einem größeren Objekt gehörte. Die grünen Oxidationsspuren zeigen, dass dieser rituelle Gegenstand einen hohen Kupfergehalt hatte. Kupfer-Gold-Legierungen mit höherem Goldgehalt wurden meist für kostbare Gegenstände verwendet.

ihre Götter hinaus ins Freie und vollführten ihre Grauen erregenden Rituale weithin sichtbar auf der Spitze ihrer Tempel, jedoch in gebührender Entfernung von der Menge unten.

BLUT AUF DER SPITZE DES TEMPELS

Die Menge versammelte sich auf dem Platz vor dem großen Terrassentempel der Moche. Es war die heißeste Zeit des Tages, als sie endlich in der Ferne Staub aufsteigen sahen, ein Zeichen, dass die Krieger und ihre Gefangenen nahten. Die Mauern des Platzes behinderten die Sicht, doch schließlich betraten sie den Platz mit schnellem Schritt. Die ersten Krieger trugen – mit Ausnahme des Standartenträgers – lange Holzstangen, an denen Gewänder, Helme, Schilde und andere Insignien ihrer Gefangenen befestigt waren. Ein Krieger hielt das Ende eines langen Seils, das man zehn Gefangenen um den Nacken geschlungen hatte, die laufen mussten, um einander nicht zu strangulieren. Insgesamt gab es dreißig

UNTEN
Ein knöcherner Moche-Spatengriff in Form einer geschlossenen Faust, die Berggipfel imitiert, die mit rituellen Opfern assoziiert werden. Der Einschnitt stellt Kriegskeulen dar, eine Betonung des kriegerischen Motivs.

Gefangene, zusammengebunden in Gruppen von zehn. Die Gefangenen, Männer zwischen achtzehn und fünfunddreißig, waren bis auf Tätowierungen am Oberkörper und verschmierte Kriegsbemalung an den Beinen nackt. Ihr Haar war zerzaust, und viele hatten gebrochene Nasen. Sie bluteten von den Fingerspitzen, weil man ihnen die Nägel herausgezogen hatte, einige hatten blutige Genitalien.

Nachdem sie unter dem Beifall der Menge den Platz umrundet hatten, liefen Krieger und Gefangene zur Mauer der untersten Terrasse des Tempels. Einen Augenblick lang spiegelte das Menschengewühl den Fries an der Wand dahinter, der eine ähnliche Grauen erregende Parade in Lebensgröße darstellte. Auf der Terrasse oben hielt eine Reihe von in Orange gekleideten Priestern einander an der Hand und brüllte einen heiligen Gesang, und auch diese entsprach der an der Mauer der nächsten Terrasse dargestellten Szene. Die höheren Terrassen stellten den Spinnengott und andere Furcht erregende Mitglieder des Moche-Pantheons dar.

Innerhalb von Minuten hatten die Krieger ihre Gefangenen in den Tempelkomplex gebracht, und während auch die Priester hineingingen, wartete unten die Menge auf die nächste Szene. An der Spitze der Huaca war keine Mauer, sondern eine stufenförmige Plattform am hinteren linken Ende. Gleichsam aus dem Nichts erschien ein Krieger-Priester auf der Plattform, in Gold gekleidet – ein Hemd aus massiven Goldplatten, ein riesiges goldenes Rückenteil, eine große Goldkrone. Für die Menschen auf dem Platz schien das von seinem Gewand reflektierte Sonnenlicht aus ihm zu entspringen, der groß und im Profil dastand und auf die Szene unter ihm hinabblickte.

Drei Gefangene wurden nun auf die Spitze des Tempels gebracht, die Hände hinter dem Rücken gefesselt. Rasch trat ein anderer Priester vor und stieß ein gekrümmtes Messer tief in die Jugularvene eines der Gefangenen. Eine Priesterin beugte sich vor, um das herausschießende Blut einem Kelch aufzufangen. Sobald der Kelch voll war, wurde er mit einer Platte bedeckt, und die Priesterin und andere Priester stiegen zur Plattform empor. Sie reichten den Kelch dem Krieger-Priester, der ihn emporhielt, ihn dann zu seinen

RECHTS
Diese über 60 cm lange Metallfigur wurde beim Alten Herrn von Sipán, einem hochrangigen Moche-Adeligen gefunden. Die katzengesichtige Gottheit gab es später nicht mehr, oder sie nahm eine andere Gestalt an. Den Kopfschmuck mit der Doppelschlange findet man auch später noch, er dürfte die Oberfläche der himmlischen Ebene repräsentieren.

Lippen führte und leerte. Die Menge unten stieß eine Lobgeschrei aus, denn dieser Akt bedeutete, dass die Sonne genährt und der Kreislauf des Kosmos aufrecht erhalten wurde.

UNTEN
Moche-Keramiken zeigen Hirsche meist als Kriegsgefangene, was auf diesem Krug durch die sitzende Haltung und das Seil ausgedrückt wird. Hirschjagd und Krieg werden bei vielen präkolumbischen Kulturen oft eng assoziiert.

OPFERRITEN

So wie die Geschichte des Pilgers von Chavín (siehe Seite 36–39) beruht auch diese Erzählung eines Moche-Rituals auf gesicherten Erkenntnissen wie den Wandmalereien der Tempel und den auf Keramiken dargestellten Szenen. Der Alte Herr von Sipán, dessen reiches Grabmal eine der spektakulärsten archäologischen Entdeckungen in den Anden war, war ein hochrangiger Moche, der die Rolle des Krieger-Priesters gespielt und die Schale mit Blut empfangen hatte. Zahlreiche Kunstgegenstände zeigen eine Priesterin, die die Schale überreicht, und Gräber von Frauen, die wie eine Priestern bekleidet waren, wurden in San José de Moro entdeckt.

Die Identität der Gefangenen und die Umstände ihrer Gefangennahme sind noch strittig. Einige Forscher meinen, dass es sich um echte Kriegsgefangene handelte, andere hingegen glauben, dass das Ritual eher ein Schauspiel als eine Zeremonie war und dass die Geopferten aus derselben Bevölkerung stammten wie die Teilnehmer am Opfer. Das Ritual selbst sollte wohl die Fruchtbarkeit von Getreide, Tier und Mensch garantieren. Die Moche vollführten noch andere Opfer, beispielsweise wenn der El-Niño-Regen die Küstensiedlungen verwüstete.

Wer waren die Herrscher und Priester, die diese großen Tempel errichteten und die solche Blutopfer verlangten? Auch hier gibt es geteilte Meinungen. Einige Gelehrte glauben, dass Moche ein einziger expansiv imperialistischer Staat war, mit der Hauptstadt Cerro Blanco im Moche-Tal, mit ihren großen

LINKS
Die charakteristischen Gesichtszüge auf diesem Moche-Gefäß mit Steigbügel-Ausguss und zwei Raubvögeln könnten ein echtes Portrait sein. Man weiß aber nicht, ob die Figur eine historische oder legendäre Person oder einen Gott darstellt.

Tempeln Huaca del Sol und Huaca de la Luna. Andere halten die nördlichen Moche für eine eigene Kultur. Wieder andere meinen, dass es mehrere eigenständige politische Einheiten gab, eine Art Stadtstaat in jedem Tal der 800 km langen Nordküste Perus, wo die Moche-Kultur herrschte.

MYTHOS, SEX UND RITUAL: MOCHE-KUNST

Wie immer auch ihr politisches System gewesen sein mag, die Moche oder Mochica gehören zu den wegen ihrer Kunst berühmtesten Kulturen der Anden. Anders als die Nasca verzierten sie ihre Tonwarten meist mit nur zwei Farben: Cremefarben und Lederbraun, dies aber mit großem Effekt. Sie verwendeten Formen (siehe Abbildung Seite 19), um dreidimensionale Stücke herzustellen, später verwendeten sie feine Linien zur Bemalung von Gefäßen. Mit diesen Techniken stellten die Moche Krieger, Götter, Pflanzen und Tiere dar. Sie bildeten Häuser und Tempel, Schlachten und Rituale, mythische Szenen und Handwerker bei der Arbeit ab. Menschenopfer, die auf ihren Tod warteten, wurden ebenso abgebildet wie Sex, nicht nur zwischen Menschen, sondern auch zwischen verschiedenen Tieren.

OBEN
Ein laufender Krieger in einem Mosaik mit Einlagen aus Lapislazuli und Muscheln ziert einen großes Moche-Ohrschmuck aus Gold. Militärische Themen variieren in der Vorgeschichte der Anden, doch Ohrschmuck war immer Kennzeichen hochrangiger Männer: je größer der Ohrschmuck, desto höher der Rang. Die Ansicht zeigt die große Vorderseite; der Stift dahinter, der durch das Ohrläppchen geht, war kleiner.

Seit mehr als einem Jahrhundert begeistert diese wunderbare Kunst Museumsbesucher, Archäologen und Sammler. Doch erst in den 1970er Jahren erkannten Forscher, dass das, was wie Altagsszenen erschien, eigentlich von symbolischer Bedeutung durchzogen war. Die Darstellung einer Hirsch- oder Seelöwenjagd war nicht nur die Abbildung der Nahrungssuche, sondern implizierte auch die Bedeutung von Opfer und Ritual. Hirsche scheinen ein Symbol für den Menschen zu sein, wie bei den Mayas in Mittelamerika, vielleicht weil sie sich ebenfalls von Mais ernährten und durch die Felder jagten (siehe Seite 84). Seelöwen wurden wegen der glatten Steine, die sie zur

UNTEN
Nasenschmuck war bei den Moche und ihren ecuadorianischen Nachbarn sehr populär. Ein derart großer verdeckte den Mund und bewegte sich beim Sprechen, was wohl die Autorität seines Trägers steigerte. Die Bedeutung des Schalentiers ist unklar.

Förderung der Verdauung schlucken, rituell gejagt. Die Moche schrieben diesen vermutlich magische Eigenschaften zu.

KUNST FÜR DIE ELITE

Gleich den griechischen Göttern, die wie Menschen handelten und in Menschengestalt dargestellt wurden, empfanden auch die Moche ihre Götter in Kleidung und Handeln ähnlich sich selbst. Die Verbindungen zwischen der mythologischen Welt er Moche-Götter und der Welt der Menschen wurden Mitte der 1980er Jahre mit der Entdeckung der spektakulären Gräber hochrangiger Moche-Herrscher und Priester bestätigt, vor allem in Sipán im Lambayeque-Tal (siehe Abbildungen Seite 85 und 87) und in San José de Moro im Jequetepeque-Tal. Diese Gräber waren nicht nur wegen der großen Mengen Edelmetalls, die man dort fand, bemerkenswert, sondern vor allem wegen der beeindruckenden Reichtümer, die mit diesen Männern und Frauen der Elite begraben waren. Ihr sozialer Status und ihre Macht werden noch

LINKS
Ein Moche-Spiegel. Spiegel waren kostbar und rar, da man die Pyriten für die reflektierende Fläche sorgfältig polieren und zusammensetzen musste. Spiegel wurden eher in Ritualen zum Reflektieren von Licht als zu kosmetischen Zwecken verwendet. Die Vögel können mit Auffassungen von Tod und Himmel zusammenhängen.

durch die mit ihnen bestatteten geopferten Gefolgsleute unterstrichen. Noch wichtiger scheint, dass die in diesen Gräbern gemachten Funde beweisen, dass die in der Kunst dargestellten Szenen nicht bloß mythologische Begebenheiten waren, sondern von lebenden, als Götter verkleideten Menschen bei den Riten und Festen der Moche vollführt wurden. Gräber von Priesterinnen zeigen, dass zumindest einige Frauen in der Moche-Gesellschaft hohen sozialen Status erringen konnten. Es ist schwer zu sagen, ob sie auch an weiteren politischen Aktivitäten teilnahmen oder auf religiöse Aufgaben beschränkt blieben, doch findet man auch Hinweise auf hochrangige Frauen in Figurinen und andere subtile Anzeichen dafür, dass sie außerhalb des engeren religiösen Bereichs wichtige Rollen spielten.

Die Moche waren übrigens das einzige prähistorische Volk Südamerikas, das Gesichter lebender Menschen in der Kunst überlieferte, in den berühmten »Portraitvasen« (siehe Abbildung Seite 86). Es bestehen kaum Zweifel, dass diese Kunstwerke nach realen Menschen geformt wurden, man weiß aber nicht, ob sie als Portraits von Lebenden gedacht waren oder als Darstellungen mythologischer Helden oder geringerer Gottheiten.

In den Anden wurden schon seit der Initialzeit Metallgegenstände gefertigt, die Moche aber brachten die Metallverarbeitung zu neuen Höhen. Sie machten kunstvollen

Schmuck und Kleidungselemente aus gehämmertem Blattmetall und beherrschten die Gusstechnik der verlorenen Form. Moche-Handwerker stellten verschiedene hochwertige Legierungen von Gold, Silber und Kupfer her. Sie versahen Edelmetall mit Einlagen aus Spondylusmuscheln und Halbedelsteinen, die sogar aus dem fernen Chile kamen.

GEGENÜBER
Die Moche liebten die Verwendung alternierender Farben und Muster, wie bei diesen kunstvollen Ohrsteckern mit Schneckenmuscheln, Türkis und Gold. Eidechsen wurden wohl wegen ihrer Schnelligkeit bewundert.

DAS ENDE DER MOCHE

Nach einer mehr als fünfhundert Jahre dauernden kulturellen Entwicklung waren die Götter der Moche böse geworden und die Kunst wurde von Darstellungen der Gewalt beherrscht. Opferszenen sind häufige Themen der Moche-Kunst, doch wurden die Darstellungen gegen Ende der Kultur immer bösartiger und realistischer. Die Abbildung des Zuges nackter Gefangener auf Tongefäßen und Wandfriesen von Tempeln deutet darauf hin, dass abstrakte Konzepte der symbolischen Beziehung von Leben und Tod durch die düsteren Themen der Opferung von Gefangenen aus echten Konflikten abgelöst worden waren. Diese Kriege waren vermutlich das Ergebnis demographischen Drucks, ausgelöst durch Bevölkerungswachstum und Mangel an Land und Wasser für den Ackerbau – und durch die Erschütterungen des labilen Gleichgewichts dieser Faktoren durch verheerende El-Niño-Regenfälle, die in der späten Moche-Zeit auftraten.

EINE MULTIKULTURELLE WELT

Nasca und Moche sind wahrscheinlich die bekanntesten der vielen regionalen Kulturen, die in der Frühen Zwischenzeit (um 0–650 n. Chr.) in den Anden entstanden. Doch in vielen anderen Regionen dominierten andere Kunststile und kulturelle Praktiken. sogar im Moche-Reich dürfte es zwei verschiedene Kunststile oder Kulturen neben dem bekannten Moche-Stil gegeben haben. Einer ist Gallinazo (siehe Seite 78–79), der andere Vicús, nur im oberen Piura-Tal konzentriert, das von den Moche im Süden durch die Sechura-Wüste getrennt war. Die Plünderung zahlreicher Vicús-Stätten wegen ihrer Goldobjekte lässt ein Studium ihrer Kultur meist nur mehr durch die Sammlungen von

OBEN
Dieses Zweikammerngefäß und seine als Negativ gemalte Verzierung sind typisch für den Vicús-Stil. Der aus seinem Haus hervorguckende Mann kann tiefen Symbolgehalt haben, doch die Vicús-Keramik scheint verspielter und banaler zu sein als die Moche-Kunst mit ihren ernsten Themen und Furcht erregenden Göttern.

Museen zu. Vicús-Keramiken zeigen verspielte Darstellungen menschlicher Gestalten, ähnlich den ecuadorianischen Stilen im Norden. So wie die späteren Kulturen der so genannten Paracas-Völker scheinen die Vicús bei den Verzierungen von Gefäßen die Technik der »negativen Bemalung« (siehe Seite 54) geschätzt zu haben, bei der die Grundfarbe des Tons für das endgültige Aussehen der Tongefäße von großer Bedeutung war.

DARSTELLUNG DES ALLTAGSLEBENS: RECUAY

Im Hochland, nahe der Bereiche, in denen einst Chavín herrschte, entstand der Recuay-Stil. Die Recuay-Künstler dürften als erste die Darstellung gewöhnlicher Menschen bei Alltagsaktivitäten zum Thema der Kunst gemacht haben. Es gibt keinen Vorwand für die Abbildung von Figuren in einer begrenzten Farbpalette von Schwarz, Weiß und Rotbraun auf charakteristischen Gefäßen aus weißem Porzellan. Die Recuay, benannt nach der gleichnamigen Stadt am oberen Santa-Fluss, hatten mit den Moche die Vorliebe für dreidimensionale Formen gemein. Abgebildet wurden Ansammlungen von Männern und Frauen in Häusern und Zeremoniengebäuden, hochrangige Persönlichkeiten beim Trinken und andere Personen, die neben Lamas stehen.

RECHTS
Die Recuay stiegen nahe des alten Chavín-Kernlands auf, doch schienen sie den frühen barocken Stil zugunsten von Einfachheit aufgegeben zu haben. Diese Figur könnte ein Ahne sein; die meisten Figuren stellen Krieger dar, ein Ausdruck unruhiger Zeiten.

Vielleicht ist eher das Fehlen grausamer Götter und zorniger Gottheiten als die Betonung menschlicher Dinge das Typische der Recuay-Keramiken. Die Recuay hatten mit ihren an der Küste lebenden Nachbarn, den Moche, viel gemeinsam und waren mit ihnen in den Jahrhunderten der Koexistenz zeitweise befreundet, zeitweise verfeindet. Das »Mond-Tier« ist eine kleinere Gottheit, die beide Kulturen teilten. Wie bei den Moche stellten auch bei den Recuay die schönsten Tonwaren hochrangige Männer und vor allem Frauen dar. Recuay-Frauen dürften als Priesterinnen und Schamaninnen eine bedeutende Rolle im Ritual und im Alltag ihrer Kultur gespielt haben.

DER BROTKORB DER ANDEN

Auch der Kunststil und die Kultur von Lima entstanden in der Frühen Zwischenzeit in einer der reichsten Tallandschaften der zentralen Küste Perus. Hier versorgten die breiten Täler von Chillón, Rimac und Lurín die Bevölkerung mit reicher Nahrung. Die Lima-Kultur hat ihren Namen von der peruanischen Hauptstadt, deren Name selbst eine Ableitung von Rimac ist, dem Fluss, an dem die Stadt liegt. Die Lima-Kunst erlangt generell wenig Aufmerksamkeit, und durch die Ausbreitung der Metropole wurden viele Fundstätten zerstört. Doch immer noch kann man in den Parks der heutigen Stadt sehr große und eindrucksvolle Tempelhügel erkennen. Im Lurín-Tal, dem südlichsten der drei Täler, hinterließen die Lima der Nachwelt eine weitere große Sehenswürdigkeit. Hier errichteten sie einen alten Tempelkomplex, der zur Zeit der spanischen Eroberung Pachacamac genannt wurde. Sein Orakel und sein Kult sollten in den turbulenten Zeiten, die dann folgten, eine zunehmend wichtige Rolle spielen (siehe Seite 128–131).

RECHTS
Dieses Meisterstück aus Gold mit Muscheleinlagen stellt den Hauptgott der Moche dar. Neben dem Mund mit Fängen sind die doppelten Ohrstecker ein Merkmal des Gottes.

ZENITH UND NIEDERGANG

Man kann drei Phasen der Frühen Zwischenzeit unterscheiden. Zu Beginn gab es eine Zeit der Instabilität in Zusammenhang mit dem Fall Chavíns. Die zweite Phase begann um das 4. Jh. n. Chr., als die Nasca, Moche und andere oben dargestellte regionale Kulturen ihren Höhepunkt erreichten, auf dem sie mindestens zwei Jahrhunderte lang blieben.

Während dieser Periode höchster Stabilität dürften die verschiedenen Kulturen relativ friedlich miteinander ausgekommen sein. Die Völker der Südküste konnten die Wolle von Kameliden (Lama, Alpaka und anderen Arten) verwenden, die wahrscheinlich aus dem Hochland importiert wurde, um kostbare Stoffe zu weben. Moche-Künstler verwendeten Halbedelsteine aus dem fernen Chile. Diese und andere Hinweise zeigen, dass es immer engere Verbindungen von Region zu Region und darüber hinaus gab.

Doch diese Welt geriet ins Wanken und fiel. Umweltkatastrophen im Verein mit anderen Faktoren begannen seit dem 6. Jh. n. Chr. diese Kulturen zu destabilisieren. Vielleicht waren die Kulturen Opfer ihres eigenen Erfolgs, der die Küstentäler und die landwirtschaftlichen Terrassen des Hochlands an die Grenzen ihrer Kapazität brachte. Bedrohliche El-Niño-Vorfälle können große Überschwemmungen an der Küste und lang andauernde Trockenheit im Hochland verursachen. Solche länger andauernden klimatischen Veränderungen können Gesellschaften, die die Möglichkeiten ihrer ökologischen Systeme bis ans Äußerste ausschöpften, ernsthaft gelähmt haben.

In verschiedenem Maß und leicht unterschiedlicher Art begannen die Kulturen der Frühen Zwischenzeit zu zerfallen oder wurden von den Kräften neuer Ideen und den Völkern des südlichen peruanischen Hochlands oder des hohen Altiplano Boliviens radikal verändert. Damit begann der Mittlere Horizont der Frühgeschichte der Anden.

OBEN
Dieses ungewöhnliche Gefäß im Lima-Stil zeigt mit seinem Doppelschnabel mit Brücke Einflüsse aus dem Süden und mit dem Motiv der fauchenden Katze Einflüsse aus dem Hochland. Kunstvolle Schnäbel, die wenig benutzerfreundlich waren, legen nahe, dass die Gefäße nicht für den praktischen Gebrauch bestimmt waren.

Kapitel 4

DIE HERREN DER HÖHEN

DER MITTLERE HORIZONT

UM 650–1000 N. CHR.

LINKS
Detail des »Torgottes« im Zentrum des Reliefs des Sonnentors, Tiwanaku. Viele Merkmale dieser Figur erinnern an die Stabgottheiten von Chavín. Es handelt sich hier aber wahrscheinlich um einen Sonnengott. (Siehe auch Seite 106–107).

TIWANAKU UND WARI

MÄCHTE DES HOCHLANDS

In der als Mittlerer Horizont bekannten Ära geriet zum zweiten Mal in der Frühgeschichte ein bedeutender Teil des Andengebiets unter den Einfluss von Mächten aus dem Hochland. Der Mittlere Horizont dauert von etwa 650 bis 1000 n. Chr., als die Städte Tiwanaku und Huari größte Macht und größten Einfluss hatten und das Land einten. Doch die sozialen und kulturellen Veränderungen, die zu dieser Vormachtstellung führten, hatten schon lang davor im Hochland begonnen.

Sollten je Chavín-Missionare ins südliche Hochland und in die Hochebenen des Altiplano gereist sein, so wurden sie dort nicht gut aufgenommen, denn die Einheimischen behielten ihre eigenen alten Traditionen. Am Südufer des Titicacasees, im heutigen Bolivien, entstand um 1000 v. Chr., also in der Initialzeit, ein mit Steinen verkleideter Plattform-Grabhügel. Irgendwann zwischen 600 und 100 v. Chr. erhielt dieses Monument einen abgesenkten, ebenfalls mit Steinen verkleideten Hof, umgeben von sechzehn kleinen, rechteckigen Gebäuden. Die Anordnung erinnert an ein System ähnlich dem der religiösen Tradition von Kotosh, in dem Großfamilien ihre eigenen repräsentativen Schreine an einem zentralen Ort hatten (siehe Kapitel 1).

Rund um das Titicacabecken gab es eine frühe Keramiktradition, die sich von Chiripa unterschied, doch die Völker kannten ähnliche Bildhauerkonventionen und Kulte. Diese gemeinsamen kulturellen Praktiken und der von diesen bestimmte Glaube wird als Yaya-Mama-Religion bezeichnet. Einige allgemeine Architekturelemente scheinen die Grundlage der späteren Tiwanaku-Praxis zu bilden. Die Tiwanaku verehrten offenbar die alte Yaya-Mama-Tradition, denn sie nahmen einige ältere Kultskulpturen in ihre Zeremonienkomplexe auf.

Um 400 v. Chr., im Frühen Horizont, dürfte die Yaya-Mama-Tradition am peruanischen Ufer des Titicacasees durch Einflüsse von der Südküste weiterentwickelt worden sein. Der Fundort von Pukará erstreckt sich über mehrere Kilometer, und am Gipfel eines Hügels liegt ein Zere-

UNTEN
Ein Pukará-Topf mit eingraviertem und bemaltem Dekor und einem Katzenkopf. Die Pukará-Keramik verwendete ähnliche durch Einkerbungen abgegrenzte Farben wie die Paracas-Keramik. Das Katzenmotiv kann auf Chavín hinweisen oder war Teil einer gemeinsamen Tradition. Pukará lag außerhalb der direkten Einflusssphäre Chavíns.

RECHTS
Die Pukará-Stele stellt wahrscheinlich einen skelettierten Frischwasserfisch des Altiplano dar. Dieses Basrelief ist typisch für den Yaya-Mama-Stil mit seinen locker fließenden Bildern.

monienbezirk mit einem abgesenkten Hof, umgeben von kleinen Gebäuden wie in Chiripa. Die Keramiken von Pukará tragen ähnliche Farben wie die Paracas-Tonwaren und ähnliche Ritzmuster. Doch statt wie an der Südküste die gebrannten Keramiken zu bemalen, dekorierten die Töpfer von Pukará ihre Gefäße vor dem Brennen. Die Macht Pukarás dauerte bis ins 1. Jh. n. Chr.

DER AUFSTIEG DER SEEUFER-MÄCHTE

Am Südostufer des Sees, im heutigen Bolivien, entstand etwa zur gleichen Zeit wie Pukará die Ansiedlung von Tiwanaku. Die beiden Zentren waren wahrscheinlich Konkurrenten, und schließlich dürfte Pukará dem Einfluss von Tiwanaku erlegen sein, das in der Frühen Zwischenzeit zu einer bedeutenden politischen, wirtschaftlichen und religiösen Macht wurde.

Bei den kleinen lokalen Stämmen des südlichen peruanischen Hochlands, nordwestlich des Sees, konnte sich offenbar auch der Einfluss der Chavín nie voll durchsetzen. In der Frühen Zwischenzeit entstand dort mit der Huarpa-Kultur ein eigener Keramikstil mit roter, weißer und schwarzer Glasur. Dieser Dreifarbenstil wurde von der nachfolgenden dominanten Kultur dieses Gebiets, den Wari, übernommen und weiterentwickelt. Wie Tiwanaku wurde auch Wari zu einer großen politischen und kulturellen Macht, mit weit reichendem Einfluss in den Anden.

VORANGEHENDE SEITEN
Der Titicacasee inmitten des weiten Altiplano und der majestätischen Berge.

OBEN
Die runden Augen und die funkelnden Zähne auf dieser Tiwanaku-Brustplatte sind typisch für die Südanden. Die Oberfläche blieb glatt, um die Reflexionen und den Eindruck des Materials zu betonen.

GEGENÜBER
Der Ponce-Monolith von Tiwanaku (siehe Seite 110–111) stellt einen hohen Würdenträger mit dem typischen Hut und rituellen Objekten dar. Aus seinen Augen steigen unverkennbar die »Tränenmotive«.

Die Einflüsse von Wari und Tiwanaku gingen von zwei großen kulturellen und kultischen Anlagen aus, den Städten Huari (daher der Name Wari) nahe dem heutigen Ayacucho und Tiwanaku (auch Tiahuanaco geschrieben). Wari war ein Eroberungsstaat, und Tiwanaku dürfte ähnliche Ambitionen gehabt haben. Es scheint im südlichen Hochland eine Art Grenze zwischen den beiden Kulturen gegeben zu haben, und zu ihren Beziehungen gehörten wohl manchmal auch Kriege. Ein Hinweis, dass es zwischen beiden Mächten strittige Territorien gab, ist die Wari-Festung von Cerro Baul. Sie steht auf einer hohen Mesa im Moquegua-Tal, mitten in einem Kolonialterritorium von Tiwanaku, das reich an Mineralvorkommen ist.

Unter wechselnden Beziehungen herrschten die beiden Staaten über verschiedene Andenregionen. Wari dehnte sich im Norden und Westen aus, der Einfluss von Tiwanaku erstreckte sich bis zur fernen Südküste Perus und durch Südbolivien bis ins nördliche Chile und Argentinien. Die Lage Huaris im Ayacucho-Tal ermöglichte ihm leichten Zugang nach Norden durch das Mantaro-Tal, aber auch nach Westen, über die oberen Bereiche der küstennahen Flusstäler. Huari liegt aber auch nahe der

OBEN
Ansicht des abgesenkten Platzes beim rekonstruierten Portal des Kalasasaya in Tiwanaku (siehe Seite 109). Die vorspringenden Köpfe erinnern an die Skulpturen des Neuen Tempels von Chavín de Huantar, obwohl diese Tiwanaku-Köpfe keine Anzeichen des Effekts von Rauschgift zeigen, ihre Symbolik ist unklar.

Südküste, und sowohl Wari als auch Tiwanaku wurden offenbar stark von der Keramiktradition dieser Region beeinflusst.

Die Inkas leiteten ihre Herkunft vom Titicacabecken her, und archäologische Forschungen zeigen, dass sie möglicherweise die Erben von Wari und Tiwanaku waren. Diese beiden Kulturen des Mittleren Horizonts lagen also in einem Übergangsbereich am Beginn historischer Zeit, der aber nur durch Legenden, Traditionen und archäologische Arbeiten überliefert ist.

DIE LEGENDÄRE STADT TIWANAKU

Die Ruinen der einst großen Stadt Tiwanaku sind Stoff solcher Legenden. Die riesigen verlassenen Tempel und Zeremonienbezirke fesselten die Inkas, die den Ort als Heimat ihrer Ahnen betrachteten. 1549 besuchte der spanische Konquistador Cieza de León den Ort und beschrieb ihn, was seinen Ruhm verbreitete. In den 1870er Jahren war der amerikanische Diplomat und Forscher Ephraim George Squier von dem Ort beeindruckt, der auch für die nationale Identität des heutigen Bolivien eine große Rolle

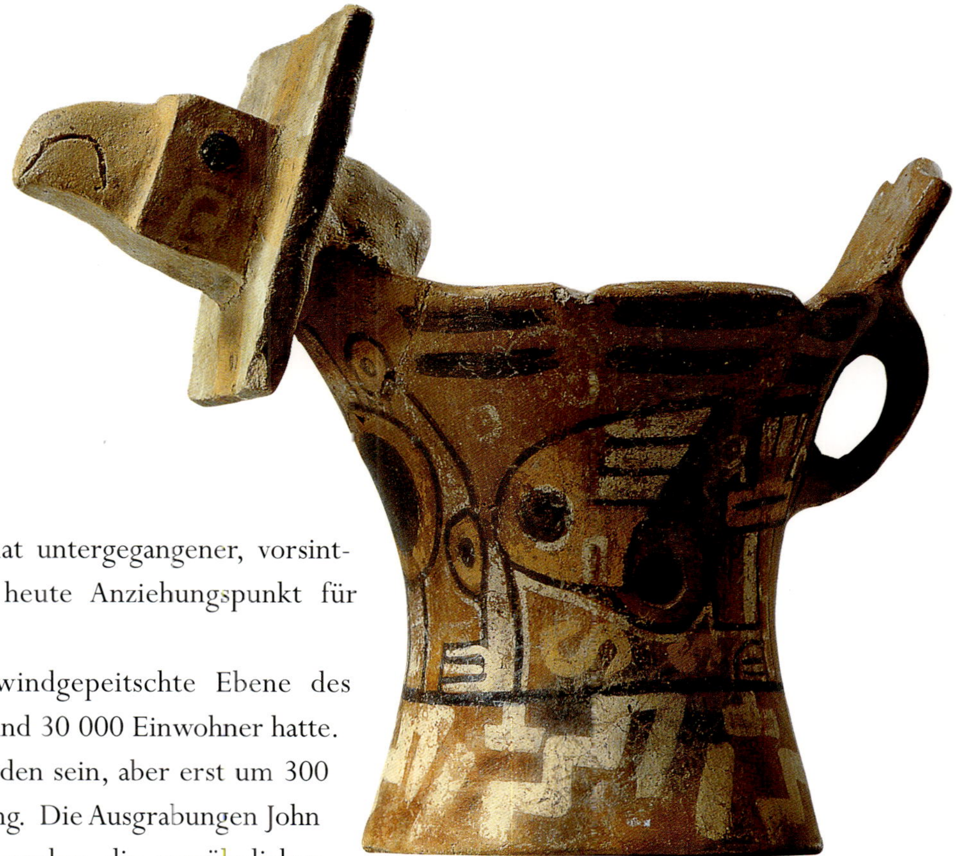

spielt. Manche halten den Ort für die Heimat untergegangener, vorsintflutlicher Kulturen, und die Ruinen sind heute Anziehungspunkt für Touristenmassen und Astrologen.

Ab 800 n. Chr. beherbergte die windgepeitschte Ebene des Titicacasees eine Stadt, die 6,5 km² bedeckte und 30 000 Einwohner hatte. Sie dürfte schon um 100 v. Chr. besiedelt worden sein, aber erst um 300 n. Chr. wuchs sie zu einer 1 km² großen Siedlung. Die Ausgrabungen John W. Januseks ergaben, dass zur Blütezeit Tiwanakus die gewöhnlichen Leute in Wohnanlagen rund um die zentralen Zeremonienkomplexe lebten. Jede dieser Siedlungen war von einer großen Adobenmauer umgeben, die Häuser, Innenhöfe, Herdstellen, Vorratsgruben und Müllhalden umfasste. Man fand große Mengen an Essensresten – Quinoasamen, Knollen, Maiskolben –, als Brennstoff verwendetem Kamelidendung und standardisiertem Tafelgeschirr. Man vermutet, dass die Bewohner dieser Siedlungen die Pilger, die in großer Zahl zu den nahen Zeremonienzentren kamen, beherbergten, verpflegten und versorgten.

OBEN
Dieses Tiwanaku-Gefäß mit seinem Griff und dem Vogelkopf ist im so genannten »Saucenschüssel«-Stil gemacht. Solche Gefäße enthielten wahrscheinlich Speisen oder Getränke für Rituale.

MONUMENTALE AUSSICHTEN

Tiwanaku wurde ständig umgebaut; Teile alter Bauwerke wurden für neue verwendet. Es gibt verschiedene Theorien der Archäologen über die Funktion der einzelnen Monumente und über ihre Beziehung zueinander. Alexi Vranich meint, dass in der Blütezeit der Stadt Pilger durch Anlagen zogen, die dazu ersonnen waren, ihre Sinne, besonders das Sehen, zu manipulieren und so Ehrfurcht zu erwecken.

Ein Teil der Kultanlage, der Pumapunku, war eine Kombination von Plattform und Platz mit scharf abgestuftem Zugang. Beim Betreten des Ortes schwand der Horizont aus den Blicken der Besucher, die nur mehr den schneebedeckten Illimani sahen, der sich eindrucksvoll in einigen hundert Metern Entfernung hinter der Anlage erhob, wenn man den westlichen Platz betrat. Der später eingefügte Zeremonienplatz Klasasaya lenkte

RECHTS
Das Sonnentor von Tiwanaku beeindruckt seit Jahren die Besucher, wohl auch, weil es aus einem einzigen Steinblock gehauen ist. Die (Sonnen-)Gottheit und ihr Gefolge – so genannte »Engel« – waren weit verbreitete Motive bei den Tiwanaku und wurden schließlich von den Wari übernommen.

die Menschen in die entgegengesetzte Richtung, von West nach Ost, weg vom Illimani, hin zum Titicacasee. Der Pumapunku »öffnete« den Blick der Besucher, Kalasasaya aber schloss ihn ein. In eine erhöhte, rechteckige Plattform von 250 m Länge war ein abgesenkter Hof von fast 150 m Länge so eingelassen, dass die Pilger – vielleicht einige Auserwählte – von außen in die inneren Mysterien gelangten. Obwohl der abgesenkte Hof seine Besucher verbarg, war er doch ganz anders als die Labyrinthe von Chavín.

Das größte Gebäude von Tiwanaku aber war der große Akapana, fast 260 m lang, 200 m breit und 17 m hoch, in Form eines Stufenberges und ein mächtiges Symbol der Anden seit der Initialzeit. In seiner breiten Spitze dürfte ein tief abgesenkter Hof oder eine große Halle gewesen sein, zahlreiche Räume an jeder Seite waren wahrscheinlich zusätzliche Ritualkammern oder Residenzen von Priestern oder Adeligen. Dieser spektakuläre Bau war wohl ein symbolischer Berg, auf dem die Priester und Herrscher der Stadt die großen Götter repräsentierten. Doch die von diesen Höhen verkündeten Botschaften waren ganz anders als die früheren Zeiten.

GEGENÜBER
Eine getriebene und ziselierte Tiwanaku-Platte aus Blattgold mit einem Gesicht, das einst vermutlich Einlagen aus Stein und Muscheln hatte. Die stilisierten Strahlen um das Gesicht zeigen, dass das dieselbe Gottheit wie am Sonnentor von Tiwanaku ist.

DER GOTT DES TORES

Eines der besonders beeindruckenden und bezeichnenden Werke der Andenkunst ist das Sonnentor von Tiwanaku (siehe Abbildungen Seite 96–97 und 106–107). Über einem Durchgang in einer mehrere Tonnen schweren Steinplatte ist das Bild eines Gottes flankiert von geflügelten, auf ihn zulaufenden Gottheiten in den Stein gehauen. Dieser »Torgott« erinnert an den alten Stabgott der Initialzeit und eine ähnliche Darstellung auf dem Raimondi-Stein in Chavín de Huantar (siehe Seite 47–48). Man weiß nicht, ob er denselben Gott oder eine Vorwegnahme Viracochas, der Hauptgottheit der Inkas, oder etwas ganz anderes darstellt. Das Motiv selbst war schon tausende Jahre alt, als das Relief entstand.

Das Sonnentor ist nur eines von vielen mythischen Portalen in Tiwanaku, und die Anordnung des Gottes oberhalb des Durchgangs ist typisch. Dies ist eine neue Art

LINKS
Die Tiwanaku-Bildhauerkunst betonte massive Formen und beeindruckende Größe. Diese Figur stellt entweder einen Fürsten oder einen Gott in Menschengestalt dar, der den typischen eckigen Hut der Autoritäten trägt, den man auch beim Ponce-Monolithen sehen kann (siehe Seite 103).

der Verbindung von Architektur und Religion. Die dreistufige Plattform, auf der er steht, entspricht dem Grundriss des Akapana, er ist also wohl der Gott der Berge und Tiwanakus selbst. Die »Stäbe«, die er hält, sind eigentlich eine Speerschleuder in der rechten Hand und wahrscheinlich Pfeile in der linken. Die von seinem Kopf ausgehenden Strahlen verweisen auf die Verbindung zwischen dem Gott und der Sonne, die sich im Osten hinter den Bergen erhebt. Vielleicht sind Speerschleuder und Pfeile Glück bringende Sonnenstrahlen.

Wenn auch die Waffen auf den Krieg verweisen, so ist die Pose des Gottes offen, nicht feindlich, er präsentiert sich als Verbündeter oder als Freund. Diese Offenheit wird durch die Position über dem Tor und durch das mit Stäben auf ihn zueilende, geflügelte Gefolge betont: Ergänzt wurde diese Anbetungsszene durch die Pilger, die durch dieses Tor in den heiligen Bereich strömten.

DER HERR DER GASTFREUNDSCHAFT

Beim Betreten der Zeremonienbereiche von Tiwanaku sahen die Pilger wahrscheinlich einen oder mehrere große Monolithen in Form menschlicher Figuren. Die größte dieser Skulpturen, sogar die größte ganz Südamerikas, ist 7,3 m hoch und wurde nach Wendell Benett, dem ersten in Tiwanaku tätigen Archäologen, benannt. Beeindruckend ist auch der nach dem Pionier der bolivianischen Archäologie, Carlos Ponce, benannte Ponce-Monolith. Diese beiden und andere kleinere Statuen stellen kunstvoll bekleidete Figuren dar, die ein charakteristisches Keramikgefäß, den *Kero*, in der einen Hand halten, und ein rätselhaftes Objekt – Stab, Schnupftablett oder kleineren *Kero* – in der anderen. Das Inkawort *Kero* meint einen konischen Becher, oft mit gewelltem Rand, für *Chicha*, ein bierartiges Gebräu aus Obst und Gemüse, meist aber aus Mais.

Chicha ist immer noch das alkoholische Getränk der Anden, und bei Zeremonien, wo es getrunken wird, erleiden die Menschen oft Vergiftungen. Die Schlangen, die sich aus dem *Kero* des Benett-Monolithen erheben, könnten auf die Wirkung des Gebräus anspielen. Bei den Inkas und bis heute war Trinken keine einsame Aktivität, sondern immer Teil eines gesellschaftlichen Ereignisses. Die Inkas entwickelten diese Praxis durch kunstvolle *Kero*-Paare, wobei ein Becher immer etwas größer als der andere war. Verwendet wurden sie beim rituellen Trinken zur Besiegelung von Allianzen zwischen Individuen oder Gruppen von leicht unterschiedlichem sozialen Status.

UNTEN
Diese Tiwanaku-Trinkschale oder *Kero* aus Arama in Bolivien zeigt eine Figur mit Katzenkopf, eventuell eine Variante des geflügelten »Engels«-Gefolges des Gottes des Sonnentors.

GEGENÜBER
Auf diesem *Kero* ist ein menschliches Gesicht mit typischen Tiwanaku-»Tränen« abgebildet. Wahrscheinlich wurde er im Zuge eines festlichen Rituals zerbrochen.

Erstmals tauchen *Keros* in Tiwanaku auf, wo man große Mengen davon neben Trümmern großer Biergefäße fand. Es ist höchst bezeichnend, dass die beeindruckendsten Monumente Tiwanakus Statuen mit einer Art Biergläser in der Hand sind. Wir können nicht mit Sicherheit sagen, ob das Götter oder führende Persönlichkeiten waren, doch ihre symbolische Geste der Gastfreundschaft ist in jeder Hinsicht überzeugend.

STADT DER FESTE

Die *Keros* und andere Gegenstände der Tiwanaku-Kunst unterstützen die Theorie, dass sich die Religion von einem Mysterienkult zu einer menschlicheren Form der Verehrung wandelte. Die Gesellschaft und die Religion, auf die sie sich stützte, waren sicher hierarchisch, und die religiösen Riten enthielten noch viele Mysterien. Religion und Kunst scheinen sich jedoch deutlich von esoterischer Lehre und Praxis abgewandt und an zugänglicheren Göttern und Feierlichkeiten orientiert zu haben. Das Abbilden realer Menschen, das in der Moche- und Recuay-Kunst begann, erlebt im Mittleren Horizont eine Blüte. Die meisten Tiwanaku-Portraits sind zwar stilisiert, stellen aber deutlich als politische Führer, Krieger oder Priester erkennbare Personen dar. Götterdarstellungen sind viel menschenähnlicher als in früheren Zeiten.

Die Portalgötter mit ausgebreiteten Armen und die großen Figuren, die zum Trinken aus den *Keros* einladen, zeigen, dass der Erfolg Tiwanakus in der Entwicklung eines neuen, offenen und einladend festlichen Zeremonienkomplexes lag. Die Götter und Anführer von Tiwanaku waren zweifellos mächtig und Respekt und Ehrfurcht gebietend, die schrecklichen Götter früherer Zeiten scheinen aber Fest-Veranstaltern gewichen zu sein. Der Zug von Menschen durch die großen Räume von Tiwanaku, die ihnen Ehrfurcht und Erregung einflößten, und die Begleitung dieser Erfahrungen durch große Mengen *Chicha* – vielleicht zusammen mit Halluzinogenen – führten zu einem religiösen Erleben, das man heute nur in einer Kombination von Wallfahrtsort, Vergnügungspark und Biergarten finden könnte.

RIVALEN IM HOCHLAND

DAS WARI-IMPERIUM

Schon die Moche hatten versucht, einen expandierenden Staat zu begründen, doch erst die Wari schufen das erste erfolgreiche Imperium der Anden, das von gewissem Bestand war. Viele Aspekte dieses Erfolgs scheinen das Inkareich anzukündigen, doch muss man sich vor falschen Rückschlüssen aus der gut dokumentierten Inkazeit hüten, mit denen man die Wari zu Begründern des Inkareichs machen würde. Es gibt jedoch ausreichend Hinweise, dass Wari ein großes Reich im heutigen Peru beherrschte.

Wari expandierte rasch im ersten Abschnitt des Mittleren Horizonts (um 650–1000 n. Chr.) von seinem Kernland im Ayacucho-Tal. Charakteristische Komplexe der Wari-Architektur entstanden unter anderem an der Südküste in Cerro Baul, im südlichen Hochland in Pikillaqta, in Pachacamac an der zentralen Küste (siehe Seite 128–131) und in Viracochapampa im nördlichen Hochland. Einige dieser Stätten wurden eindeutig in strittigem Territorium errichtet, etwa die Hügelfestung von Cerro Baul im Moquegua-Tal, einem von Auswanderern aus Tiwanaku kolonisierten Land. Auch Viracochapampa wurde in Sichtweite von Marcahuamachuco erbaut, einer befestigten Siedlung mit großen Hallen, die das Zentrum eines lokalen Bündnisses gewesen sein dürfte. Viracochapampa scheint eine bewusste imperiale Provokation oder der Ersatz eines älteren lokalen Systems gewesen zu sein.

Andere Zeichen imperialer Verwaltung waren das erste Auftreten von Knotenschnüren-Dokumenten, ähnlich den späteren *Khipus* der Inkas, und der Straßenbau, vermutlich um Truppen besser verlegen und Bevölkerungsbewegungen kontrollieren zu können. In einigen Regionen wurde Land urbar gemacht, und Hochlandbewohner wurden umgesiedelt, um mehr Mais auf den Feldern anzubauen als je zuvor.

Die Steigerung der Maisproduktion ist interessant, denn Mais hat geringeren Nährwert als andere Nahrungsmittel, eignet sich aber besser für gutes *Chicha*-Bier. Die Anlage der Wari-Orte und die dort gefundenen Artefakte lassen vermuten, dass der Staat Festmähler und Trinkgelage in großem Stil finanzierte. Wie die Inkas verfolgten

GEGENÜBER: OBEN UND UNTEN
Ansichten von Pikillaqta, das man für ein Wari-Verwaltungszentrum hält. Seine Zellarchitektur ist im Luftbild gut erkennbar. Es scheint, dass der Großteil des Ortes noch im Bau war, als er aufgegeben wurde.

UNTEN
Diese gerade 2,5 cm große Warifigur verbindet Edelsteine, Muscheln und Gold. In Pikillaqta fand man 40 ähnliche Figuren.

LINKS
Der Krug mit dem Gesichtshals ist typisch Wari, doch die Form des Körpers stammt von weiter nördlich. Der Wari-Einfluss an der Nordküste ist seit Jahren anerkannt, die Forscher streiten jedoch darüber, ob es sich dabei um eine richtige Eroberung handelte oder um die indirekte Wirkung der Macht des Imperiums.

OBEN
Die Rückseite eines Wari-Mosaikspiegels. Der körperlose Kopf mit Schlangen ist eine vereinfachte Version des Stab-Gottes vom Sonnentor in Tiwanaku. Das Bild war im Mittleren Horizont in dieser Gegend weit verbreitet.

auch die Wari eine »Zuckerbrot-und-Peitsche«-Strategie bei der Ausdehnung ihres Imperiums: Die Peitsche war die Armee, das Zuckerbrot die Großzügigkeit des Reichs, die sich in formellen Feiern mit charakteristischen Utensilien in einzigartiger architektonischer Umgebung äußerte.

DIE ARCHITEKTUR DES IMPERIUMS

Obwohl Tiwanaku und Wari viel gemein haben, ist die Architektur ihrer Hauptstädte auffallend verschieden. Die Stadt Tiwanaku erstreckt sich über eine Ebene mit großen Plätzen, versenkten Höfen und Grabhügeln, säuberlich angelegt in regelmäßigem Raster. Huari hingegen ähnelt alten europäischen Städten, die über eine längere Zeit ungeordnet organisch wuchsen. Es dürfte mehrere große vierseitige Anlagen, umgeben von starken Mauern, die heute noch 10 m hoch sind, gegeben haben. Jede könnte die Residenz eines Adeligen gewesen sein, es gibt aber keine erkennbare Beziehung der Anlagen zueinander, und die Stadt als Ganzes erstreckt sich über ein raues Tafelland. Der Stadtkern nimmt etwa 2,5 km² ein, weitere 10 km² weisen Spuren weniger bedeutender Architektur auf.

Huari ist so groß, dass die Archäologen es in einzelne Sektoren unterteilen, die als eigene Projekte ausgegraben und untersucht werden. Die scheinbare Unordnung der Stadt steht in auffallendem Gegensatz zu anderen gut strukturierten Wari-Zentren. Doch wie im alten Rom und bei anderen europäischen Hauptstädten war der Grund für das unregelmäßige Wachstum der Stadt ihr Alter und ihr Ursprung von einem symbolisch mächtigen Kernbereich rund um eine alte Kultstätte. Rom wuchs organisch aus einem Dorf oder einer Ansammlung von Dörfern auf einem heiligen Areal. Es war schon eine

UNTEN
Das stark stilisierte geometrische Muster aus Türkis- und Muscheleinlagen auf diesem Ohrschmuck ist ein Beispiel für den gemeinsamen Kunstgeschmack von Tiwanaku und Wari, weshalb es schwer ist, seine Herkunft genau zu bestimmen.

bedeutende Stadt, bevor es begann, seine Ordnung anderen von ihm beherrschten Ländern aufzuzwingen.

Einen Eindruck von den Vorgängen in Huari liefern die Ausgrabungen im zeitgenössischen Conchopata, einem kleineren Zentrum im Ayacucho-Tal. In Conchopata wurden jüngst intensive Notgrabungen durchgeführt, da die Stätte von der urbanen Entwicklung des heutigen Ayacucho bedroht war. Man fand dabei etliche große »Gesichter-Hals«-Krüge. Die Gefäße heißen so, weil Gesichter auf ihre Hälse gemalt wurden, die hochrangige Personen darstellen dürften. Auch der Rumpf dieser Krüge ist mit kunstvollen Bildern verziert. Eine große Zahl dieser Gefäße war zerbrochen und rituell bestattet worden. Vermutlich wurden diese Töpfe aber erst »getötet«, nachdem sie ihren Zweck, die Teilnehmer an diesen Riten mit reichlich *Chicha* zu versorgen, erfüllt hatten.

Unter den Bauwerken von Conchopata und Huari fallen besonders Gebäude in Form eines großen D auf, mit kreisförmigem Umriss, aber charakteristischer, gerader Eingangsmauer. Diese Gebäude sind groß, einige messen an der breitesten Stelle fast 20 Meter und haben innen meist Nischen. Sie erinnern an die alten Kotosh-Zeremonienkammern (siehe Seite 31), eine direkte Kontinuität oder auch nur eine bewusste Renaissance der Bauweise oder des Kults sind aber nicht nachweisbar. Die Architektur erinnert zwar an ältere Formen, ist aber einzigartig und ein weiteres Beispiel für die kreative Energie, die Wari in die Errichtung einer neuen Ordnung in den Anden steckte.

Die imperiale Architektur ist auch Merkmal anderer Wari-Orte. Es gibt mehrere typische Stile. Einer verwendet lange schmale Hallen mit Nischen darin, die den späteren *Kallanka* der Inkas sehr ähnlich sind. Bei ihrer Errichtung hatten solche Bauwerke zwei oder mehr Geschosse, konnten also viele Menschen beherbergen oder unterhalten. Eines der bedeutendsten Beispiele steht in

Viracochapampa, wo nach einer Theorie die Wari-Baumeister bewusst den Stil des älteren lokalen Zentrums von Marcahuamachuco kopierten. Man kann daher von der Übernahme einer lokalen Form durch eine imperiale Macht sprechen.

Eine vermutlich jüngere Form ist die Zellarchitektur, bestehend aus in einem Raster angeordneten Wiederholungen zellartiger Strukturen. Eines der größten Beispiele dieser Zellarchitektur ist Pikillaqta, das südlichste Wari-Zentrum. Der riesige, eindrucksvolle Ort bei Cuzco hat hohe Außenmauern, die die gewellte Landschaft ohne Rücksicht auf den natürlichen Verlauf durchschneiden. Die im Grundriss fast quadratischen Mauern sind 1200 Meter lang. Die größte Zelle nahe dem Zentrum bedeckt etwa 0,75 Hektar, sie war vielleicht ein Hof. In der Anlage gibt es achtzehn Nischenhallen und viele kleinere, quadratische Räume. Das Gewirr war durch zusätzliche Stockwerke über den heutigen Überresten ursprünglich noch größer. In Pikillaqta lebten und arbeiteten also sehr viele Menschen.

Zahlreiche Theorien befassen sich mit dem Zweck der kleinen Räume in Pikillaqta und anderen Orten. Man hält sie für Baracken oder Lagerräume der Armee des Imperiums, für Ritualkammern, Schreine für die Gebeine verehrter Ahnen oder Teile der Residenz eines Gouverneurs oder hohen Wari-Beamten. Doch Pikillaqta liegt nahe einer Straße, war also wohl ein Machtzentrum. Zusammen mit der Tatsache, dass solche Anlagen Obergeschosse hatten, lässt das vermuten, dass es mehreren Zwecken des Imperiums diente.

OBEN
Ein Wari-Hut aus Kamelidenfaser von der Südküste, geschmückt mit stilisierten Menschengesichtern und einem Federschmuck. Der viereckige Hut war ein Kleidungsmerkmal der Wari-Elite (siehe Seite 123). Der samtähnliche Stoff entstand durch meisterhaftes, mühsames Knüpfen und Trimmen.

DER MANN MIT DEM VIERECKIGEN HUT

Dem zufälligen Betrachter oder dem ungeübten Auge scheinen Wari und Tiwanaku identisch. Beide verwendeten helle Farben für ihre Keramiken, meist mit schwarzen

LINKS
Ein Wari-Gobelin-Hemd. Die großen Figuren der beiden breiten Streifen tauchen in stark komprimierter Form am Rand wieder auf. Die meisten Wari-Stoffe wurden an der Küste gefunden, man weiß aber nicht, ob sie dort gemacht oder vom Hochland importiert wurden und ob es in diesen beiden Regionen unterschiedliche Stile gab.

VORHERGEHENDE SEITEN
LINKS Die »Puma-Festtunika«, ein für den Wari-Stil untypisches Stofffragment mit Abbildungen von Tieren und Musikern. Die vier Pumas schlangen sich um den Hals des Trägers.

RECHTS Tropische Vogelfedern an diesem würfelförmigen Hut weisen ihn als Luxusgut aus.

Umrahmungen, eine Tradition, die sie wie viele andere von den Töpfern der Südküste entlehnt hatten. Beide Kunststile betonen eher Menschen als Götter, welche meist als Torgott (siehe Seite 109) mit seinem Gefolge dargestellt werden.

Eine nähere Betachtung bringt aber signifikante Unterschiede zutage, die immer noch feststellbar sind. Beide Stile dürften aus der Yaya-Mama-Tradition hervorgegangen sein, Wari hat aber erst spät, um 800 n. Chr., die religiöse Symbolik von Tiwanaku übernommen. Warum und wie diese Übertragung der Symbolik vor sich ging, ist ungewiss, da wir die Details der Beziehungen der beiden Anden-Supermächte nicht verstehen. Vielleicht passierte das in Friedenszeiten, vielleicht als Zeichen der Vereinigung der Kräfte, etwa durch eine königliche Hochzeit, wie das zu derselben Zeit in Europa üblich war, wo religiöse Bekehrung oft mit durch Heirat besiegelten politischen Bündnissen einherging. Wari könnte aber auch die religiöse Symbolik seines Rivalen übernommen haben mit dem Anspruch, selbst der würdigere Repräsentant dieser universalistischen Religion zu sein, ein Vorgang, der sich auch anderswo mehr als nur einmal in der Geschichte ereignete.

Eine These, die durch archäologische Befunde gestützt wird, ist, dass Tiwanaku und Wari Gesellschaften waren, deren Führer sich auf eine umfangreiche, gut organisierte Bürokratie stützten, die Religion, Krieg und Feste beaufsichtigte. Führer und Bürokratie sind wie Zwillinge die Stützen des Imperiums. Der Kunststil beider Kulturen stellt die herrschenden Eliten von Tiwanaku und Wari in einer Art Uniform dar, mit charakteristischen Tuniken und viereckigen Hüten. Am deutlichsten sind diese Uniformen bei den Wari erkennbar. Dies Hüte sind zusammen mit Stäben und *Keros* das Zeichen der Autorität, wie man sie auf den großen bunten Gefäßen sehen kann, die für die Wari-Kultur so typisch sind.

Viereckige Hüte machte man aus Kamelidenfasern mit einer Knüpftechnik, bei der zusätzliche Fasern in Schlingen eingefügt wurden, um eine Art Samt zu erzeugen. Die Ecken – manchmal mit Quasten – wurden aus den Seitenteilen aufgebaut. Die

OBEN
Eine ausgerollte Abbildung des Dekors eines ungewöhnlich kleinen Wari-*Keros*. Die menschliche Figur trägt Kleidung der Elite, auch den charakteristischen großen eckigen Hut. Sie hält die beiden wichtigsten Quellen des Wohlstands der Völker des Andenhochlands: einen in niedrigen Höhen gewachsenen Maiskolben und einen Kameliden für die Woll- und Fleischproduktion und den Warentransport.

GEGENÜBER
Diese polierte polychrome Keramikflasche ist in typischem Wari-Stil. Geflügelte Gefolgsleute blicken einander unter dem Bild eines grinsenden Schädels an.

Muster auf dem Hut bestanden aus geometrischen Motiven und Abbildungen von Tieren und Vögeln, manchmal auch laufenden »Engeln«, ähnlich jenen vom Tor der Sonne in Tiwanaku (siehe Seite 109).

LEUCHTENDE GEWÄNDER FÜR DIE ELITE

Die Tuniken der Träger viereckiger Hüte gehörten zu den kostbarsten, je in den Anden erzeugten Textilien. Sie wurden nicht auf den in den Anden sehr verbreiteten Gurtwebgeräten erzeugt, sondern auf großen Flachwebstühlen. Während die Paracas-Weber herrliche Stickereien herstellten, verwendeten die Textilarbeiter der Wari komplexe Gobelintechniken, bei denen das Muster direkt in den Stoff eingewebt wurde. Tuniken von Tiwanaku und Wari gleichen sich in vielerlei Hinsicht, doch die Muster der Tiwanaku-Exemplare sind eher figürlich, die der Wari zunehmend abstrakt. Wir erhalten hier einen seltenen Einblick in das Denken alter Handwerker, der zeigt, dass echte Abstraktion, in der die Designelemente noch stärker stilisiert wurden, im Kommen war.

Die Tuniken bestanden aus zwei getrennt erzeugten Stoffteilen, die zu einer Tunika oder einem Hemd zusammengenäht wurden. Das Endprodukt wurde vertikal getragen, aber horizontal erzeugt, der Handwerker musste also in zwei Dimensionen gleichzeitig denken. Die Muster des Gewands mit seinen langen Musterzeilen bestanden aus einem oder zwei Motiven. Ein häufiges Bild war ein quadratischer Block, der einen Trophäenkopf und ein Stufenmotiv enthielt. Solch einfache Elemente konnten durch alternierende Farbkompositionen, Drehungen und Wiederholungen dieser Kombinationen auf dem ganzen Stoffstück zu verwirrenden Kompositionen entwickelt werden. Das war aber nur eine von vielen Techniken. Manchmal unterbrachen die Weber absichtlich das Muster, um dem Teil noch mehr Komplexität zu verleihen.

Die faszinierendste dieser Techniken war die Abstraktion und Komprimierung eines Designelements, wodurch einige Teile der Figur gegen die Mitte der Tunika breiter, gegen den Rand aber zu einigen einfachen Elementen verkürzt wurden. Auf den nicht mit dieser Technik vertrauten Betrachter wirkte das wie eine Kombination von Ordnung und Unordnung zugleich. Es sind viele Exemplare dieser Technik erhalten, sie wurde aber fast nie in genau der gleichen Weise auf einer anderen Tunika wiederholt. Diese charakteristischen Tuniken wurden also wirklich für hochrangige Personen gemacht, sie waren aber weniger eine Uniform als Ausdruck eines – vielleicht nach offiziellen Richtlinien – auf eine Klasse limitierten Stils.

Nach einer Schätzung bestanden die feinsten Tuniken aus 10–14 km Kamelidengarn. Dies und die Mühe, die für das Weben und Färben der Stoffe aufgewandt wurde, zeigt, dass diese Kleidungsstücke nur für eine sehr kleine gesellschaftliche Elite erzeugt wurden. Vielleicht waren die Führer der Wari-Gesellschaft gar keine Bürokraten, sondern

GEGENÜBER
In diesem Detail eines Federmantels sieht man zwei achteckige Sterne und eine zweiköpfige Katzenschlange. Zweiköpfige Kreaturen waren bei den Wari sehr beliebt. Der Stern, der sich auf den Dualismus und die Himmelsrichtungen bezieht, war besonders im südlichen Hochland und an der Küste verbreitet.

Aristokraten oder Clanchefs, die miteinander nach strengen Regeln um die prächtigste und charakteristischste Tunika wetteiferten.

DROHENDE VERÄNDERUNGEN

Die Kulturen des südlichen Hochlands waren aufgestiegen, als Moche in Schwierigkeiten war. Während diese Veränderungen vor sich gingen, gab es eine große Dürre von 562 bis 594 n. Chr., vermutlich mit El Niño zusammenhängend. Im Gegensatz zu der Theorie, dass die Expansion von Tiwanaku und Wari rein militärischer Natur war, gibt es auch die Auffassung, dass der Erfolg der Hochlandkulturen vor allem innovativen Landtechniken zu verdanken war, die ihnen halfen, nicht nur die Trockenheit zu überstehen, sondern auch zu wachsen.

Tiwanaku breitete sich demnach durch Bewässerung von Feldern über den Altiplano aus (Landbewässerung gab es in den Anden seit dem späten Präkeramikum), gleichzeitig dehnten sie die Wachstumsperiode aus und schufen besser durchlüftete und fruchtbarere Böden. Tiwanaku entwickelte auch den Fernhandel mit Karawanen, Kolonien und Vorposten. Wari baute Bewässerungskanäle, zapfte hoch gelegene Wasserressourcen an und verband sie mit Bewässerungssystemen ausgedehnter Terrassen. Wari-Verwaltungszentren wie Pikillaqta halfen auch mit, Arbeitskräfte und Ressourcen in den Expansionsgebieten effektiv einzusetzen.

Zwischen etwa 800 und 1000 n. Chr. kehrten wieder unruhige Zeiten ein, und diesmal bedrohten sie die Hochlandimperien. Felder wurden vernachlässigt, Anbauterrassen trockneten aus. Wieder waren Umwelteinflüsse beteiligt, ob sie aber die alleinigen Faktoren für das Ende der Staaten des Mittleren Horizonts waren oder ob andere Einflüsse mitwirkten, ist schwer festzustellen. Nach dem Niedergang von Tiwanaku und Wari zerfiel die Welt der Zentralanden für einige Zeit in Regionalstaaten. Trotz politischer Instabilität blieb die Bevölkerungsdichte in einigen Regionen hoch genug, sodass ziemlich rasch wieder politische Zentralmächte entstehen konnten.

PACHACAMAC: STADT DES ORAKELS

Als Francisco Pizarro den Inkakaiser Atahualpa gefangennahm, erfuhr er bald von der Inkahauptstadt Cuzco und von einer anderen heiligen Stadt namens Pachacamac. Nach einer Tradition, die sich über die Reiche Tiwanaku und Wari zu den Chavín und darüber hinaus erstreckte, war Pachacamac der Ort eines mächtigen, in ganz Peru verehrten Orakels. Die Stadt und der Schrein waren so bedeutend, dass Pizarro seinen Bruder Hernando mit seinen Männern zur Eroberung des Ortes losschickte.

Pachacamac, nehe dem heutigen Lima, liegt am Meer, nahe der Lurín-Mündung, mit einer hohen Sanddüne im Norden. Spuren verweisen auf eine erste Besiedlung im Präkeramikum, bedeutend wurde der Ort in der Frühen Zwischenzeit, als er um 300 oder 400 n. Chr. Kult- und Pilgerzentrum der Limakultur wurde (siehe Seite 93–94). Der architektonische Kern der Anlage umfasst etwa 1 km^2, mit vielen Straßen und Gebäuden, die noch darüber hinausreichen. Am westlichen Ende blickt der massive »Sonnentempel« über das Meer. Seine Basis ist 200 Meter breit, seine Fläche misst fast 5 Hektar. Er überragt die Stadt auf einem Hügel, der ihn noch höher erscheinen lässt als die 20 Meter des eigentlichen Bauwerks.

In der Nähe stand ein Tempel, der noch bedeutender war als der massive Sonnentempel. Er enthielt das Idol von Pachacamac selbst, die Gottheit, die das Ziel der Pilgerfahrten und der Anbetung war, in den Worten eines frühen Chronisten den »Schöpfer und Erhalter des Universums« und den Herrn der Erdbeben. Man weiß nicht genau, wie das Orakel funktionierte – vielleicht »sprach« Pachacamac durch einen Priester. Über die Jahrhunderte wurden nacheinander zwei Tempel an diesem Ort erbaut.

An der Nord- und der Westseite des Orakeltempels standen einige charakteristische Bauwerke, bekannt als »Pyramiden mit den Rampen«. Jeder dieser mindestens fünfzehn Mal mit leichten Variationen gebauten und wieder aufgebauten Komplexe war etwa 100 m lang und halb so breit, er umfasste einen Hof mit einer Rampe, die zu

GEGENÜBER, OBEN

Die »Rampenpyramide« in Pachacamac. Das aus Adobenziegeln errichtete und einst bunt bemalte Bauwerk muss sehr imposant gewesen sein. In beeindruckenden Zeremonien stiegen die Würdenträger die Rampen hinauf, die eine architektonische Sonderform der Küstenregion waren.

GEGENÜBER, UNTEN

Ein paar Trinkgefäße im Wari-Stil, dekoriert als Schädel, sollen aus Pachacamac kommen, ein Hinweis auf den Wari-Einfluss an diesem Ort. Die Gefäße sind fast identisch, aber nicht gleich groß. Das weist auf Trinkrituale hin, die den asymmetrischen Dualismus betonen, den man von den Inkas kennt, der aber auch von ihren Vorgängern, den Wari, praktiziert wurde.

Zimmerfluchten mit inneren Passagen und Höfen führte. Diese Räume waren Wohnungen, Lagerräume und Säle zum Empfangen von Gästen und für Zeremonien.

DER PALAST DER HÜTER DES ORAKELS?

Eine Theorie besagt, dass diese Räume »religiöse Botschaften« entfernter Andengemeinden waren, die eine permanente Vertretung in dem großen religiösen Zentrum haben wollten. Andere Theorien meinen, dass jede der Rampenpyramiden der Palast eines Herrschers von Pachacamac war oder dass es die Residenzen einer Reihe von Herrschern derselben Dynastie waren. Es gibt Hinweise auf mehrere kunstvolle Gräber in den Anlagen, die aber leider meist ausgeraubt wurden. Man weiß auch, dass diese Anlagen durch Bedecken mit Erde und Adobenziegeln rituell »begraben« wurden, vielleicht beim Ende einer Dynastie, wenn die Nachfolger woanders eine neue Residenz errichteten. Ungeachtet des spezifischen Zwecks der Rampenpyramiden ist erwiesen, dass Pachacamac ein von Menschen aus ganz Peru besuchter heiliger Ort war. Vor kurzem entdeckten die Archäologen Izumi Shimada

OBEN
Der einst strahlend rot bemalte Inka-Sonnentempel von Pachacamac erlaubte einen Blick auf das Ende des Lurín-Tals und seiner Felder und auf den Pazifik, beides Quellen des Wohlstands. Nach dem Mythos waren die Inseln vor der Küste Ahnen-Helden, die einst verwandelt wurden.

LINKS
Das an einem Hügel liegende religiöse Zentrum von Pachacamac bestand aus verschiedenen Gebäuden (siehe Legende). Die wichtigsten waren der Tempel von Pachacamac (A) und der Sonnentempel (B).

und Rafael Segura bei Ausgrabungen auf dem »Platz der Pilger« vor dem jüngeren der beiden Tempel von Pachacamac viele Schichten mit einer verwirrenden Vielfalt von Opfergaben. Darunter waren ganze Fische und auf den Boden gelegter Mais, sorgfältig ausgelegte Muster von Ackersteinen und Tonscherben, die die traditionelle Auffassung von rituellen Opfern infrage stellen. Die Anordnung dieser Opfergaben steht in Verbindung mit kleinen und großen Krügen, die in sorgsam errichtete Adoben- oder Steineinfriedungen gestellt worden waren. Die Ausgräber meinen, dass die Gefäße verehrte Ahnen repräsentierten.

OPFER FÜR DAS HÖLZERNE IDOL

Das Zentrum der Stadt aber, der wichtigste Schrein ihrer Geschichte, war der Pachacamac-Tempel. Das ist der Inka-Name der Gottheit, es war aber wahrscheinlich ein alter Gott, der auf graue Vorzeit zurückgeht. Seine Beziehung zu den anderen beiden von den Inkas an diesem Ort verehrten Göttern Pachamama (Erdmutter) und Mamacocha (Mutter des Meeres) ist ungewiss. Doch die Anlage seines Hauptschreins direkt am Meer – bei Mamacocha selbst – ist wahrscheinlich von Bedeutung.

Als die Spanier das innere Heiligtum des Pachacamac-Schreins entweihten, fanden sie weder ein goldenes Götterbild noch die erwarteten Schätze. Alles, was sie fanden, war ein hölzernes Götterbild in Menschengestalt in einem mit dem Blut unzähliger Opfer verkrusteten Raum. In der Nähe des Schreins entdeckten Archäologen ein geschnitztes Holzidol auf einem Pfahl – ob es sich dabei um die Darstellung desselben Gottes, eine Kopie oder eine andere Gottheit handelt, ist unbekannt. Das Originalbild wurde zum Entsetzen seiner Anhänger zerstört.

Kapitel 5

KÖNIGREICHE VON GOLD

SPÄTE ZWISCHENZEIT

UM 1000–1450 N. CHR.

LINKS

Eine goldene Chimú-Totenmaske mit Spuren roter Farbe (Zinnober) – und den unverkennbaren stilistischen Einflüssen von Lambayeque, dessen Handwerker unter die Herrschaft der Chimú kamen, als das Königreich von Chimor ins Lambayeque-Tal expandierte.

UNTERGEHENDE REICHE, AUFSTEIGENDE REICHE

EINE MENGE STAATEN UND KÖNIGREICHE

UNTEN
Prächtige Holzsärge, jeder mit einer Mumie, stehen in den Klippen von Karajia als Erinnerung an die Chachapoyas oder Regenwaldmenschen. Sie beherrschten das gebirgige tropische Urwaldgebiet von monumentalen Zitadellen am Gebirgskamm aus, bis der Aufstieg der Inkas ihre Unterwerfung und Zerstreuung brachte.

Dem Niedergang der großen Hochlandmächte Tiwanaku und Wari folgte eine Zeit der Unruhe und Instabilität, aus der schließlich in der Späten Zwischenzeit (um 1000–1450 n. Chr.) eine Vielzahl regionaler Staaten und Königreiche hervorging. Im zentralen Hochland, nahe der heutigen Stadt Jauja, bildeten die Wanka eine lose Gemeinschaft, in der sie sich abwechselnd bekämpften und verbündeten. Befestigte Wanka-Siedlungen, größere und kleine, waren über das obere Yanamarca-Tal verteilt. Um den Titicacasee erlangte das Lupaca-Königreich, dessen Reichtum auf großen Kamelidenherden und seiner Militärmacht beruhte, in einer komplexen politischen Landschaft die Vormachtstellung. Auch in den Küstenregionen gab es kleinere politische Einheiten neben größeren, expansionistischen.

RECHTS
Bemalte Holzobjekte wie dieses, vermutlich Ica oder Chincha, geben große Rätsel auf. Man hält sie für zeremonielle Grabschaufeln, Paddel oder Steuerruder für Flöße.

Das nachfolgende Inkareich war in manchen Teilen der Anden nur von kurzer Dauer, daher verfügen wir aus vielen Gebieten über reiche mündliche Überlieferung aus dem Leben vor den Inkas und der spanischen Eroberung. Diese Erzählungen helfen gemeinsam mit der Archäologie ein Bild der komplexen Welt der Zeremonienzentren, Städte, Schreine und Handelszentren im westlichen Südamerika zu entwerfen. Das große Pilgerzentrum Pachacamac blieb weiterhin für alle offen, doch nach dem Schwinden der imperialen Macht der Wari kam der Ort unter Kontrolle von Ichma. Aus der Zeit stammen zahlreiche Rampenpyramiden. Weiter im Norden wurde der Staat der Moche von Naturkatastrophen erschüttert (siehe Seite 94). Neuere Forschungen zeigen, dass bald danach der Wari-Einfluss in der Region zunahm. Die Übernahme neuer Symbole, eine Bevölkerungsbewegung, die Aufgabe einiger Siedlungen und das Wachstum anderer führten zum Ende der Moche und zu einer Neuordnung der Nordküste Perus.

Einige dieser Veränderungen gingen allmählich vor sich, andere plötzlich. Mit dem Auftreten neuer politischer und wirtschaftlicher Mächte wuchs die Produktion von Keramiken, Textilien und anderen Gütern, wodurch sich Nah- und Fernhandel ausweiteten. All diese Faktoren zeigen, dass die Welt der Anden am Ende der Frühgeschichte zunehmend multikulturell wurde.

NEUE KUNST FÜR EINE NEUE BOTSCHAFT

Beginnend mit Recuay (siehe Seite 92–93) und fortgesetzt bei Wari und Tiwanaku macht sich ein Trend in der Kunst bemerkbar, der die Mythologie in den Hintergrund drängt und sich mehr mit der Welt der Menschen befasst. Bei den Kulturen der Späten Zwischenzeit kam dieser Trend noch mehr zum Tragen. Während viele Gesellschaften dieser Zeit noch vergöttlichte Herrscher gehabt haben dürften, wandte sich ihre Kunst offenbar an eine breitere Schicht, nicht nur an die Elite.

Die Tonwarenproduktion wurde generell vereinfacht. An der zentralen und nördlichen Küste verwendeten die Künstler meist zweiteilige Modeln, um viele Kopien des-

RECHTS

Die Chancay-Kultur an der zentralen Küste schuf bunte Stoffe und einfache, schwarz-weiße Keramiken. Dieser Krug mit einem (weiblichen) Gesicht stellt eine übernatürliche Gottheit dar, bekannt als Chuchimilco, sie war Teil eines männlichen und weiblichen Paares, das als Grabbeigabe gemacht wurde.

OBEN

Keramikgefäße in Form von Gebäuden, so wie diese kleine Lambayeque-Darstellung eines Tempels oder Palastes, bieten Einblicke in die alte Architektur. Zwar blieben viele Gebäude erhalten, doch fehlen oft Details architektonischer Verzierungen. Man beachte die beiden kleinen Wächterfiguren bei diesem offenbar bedeutsamen Palast oder Tempel.

selben Entwurfs herzustellen. Die Verzierung war einfach, man verwendete nur eine oder zwei Farben. Lambayeque- (Sicán) und Chimú-Keramiken waren meist schwarz. Die der Inkas und Chincha hatten oft nur einziges Dekorband um das Gefäß.

Die Künstler der Chancay-Kultur von der Zentralküste verwendeten oft schwarze Farbe auf weiß glasierter Keramik. Viele Töpfe sind hastig mit einfachen geometrischen Mustern dekoriert, und häufige Kleckse auf den Gefäßen lassen vermuten, dass die Handwerker sehr hastig arbeiteten. Im Gegensatz zu den Keramiken strahlten die Chancay-Textilien in großer Farbenpracht. Figuren (manchmal fälschlich als »Puppen« bezeichnet) entstanden, die Frauen am Webstuhl darstellten, aber auch andere Menschen, Lamas und »Lebensbäume«. Für unseren Geschmack wirken sie bezaubernd, doch waren sie wohl, genauso wie Paare männlicher und weiblicher Keramikfiguren, Teil einer wachsenden Begräbnisindustrie. Zum Repertoire der Chancay gehörten auch rasch erzeugte, frei bemalte Textilien, die ebenfalls dem heutigen Geschmack entsprechen und Paul Klee und andere moderne Künstler inspirierten. Diese Stoffe sind Zeugnis einer neuen Gesellschaft, in der viel mehr Leute kunstvolle Grabbeigaben erwarben, um sie mit ihren Toten zu bestatten.

Andernorts wurden weiterhin schöne und kunstvolle Stoffe erzeugt, ihre Muster waren aber meist Wiederholungen geometrischer Motive oder einfache Wiedergaben von Fischen, Vögeln, Katzen und ähnlichem. Solche Muster kann man bis Huaca Prieta (siehe Seite 25) zurückverfolgen, und es ist, als ob sich die schlichte Wertschätzung von Design in der Andenkunst wieder breit gemacht hätte. Wenn es auch immer verführerisch ist, selbst in einfache Bilder große Symbolik hineinzuinterpretieren, überwiegt doch der Eindruck, dass die Kunst der Späten Zwischenzeit in erster Linie dekorativ war. Es dürfte sich ein Wandel vollzogen haben, weg von der Verwendung kostbarer Materialien für die

RECHTS
Chancay-Figuren, oft fälschlich als »Puppen« bezeichnet, wurden aus gedrehtem Garn und besticktem Stoff gemacht. Die auch als Grabbeigaben gedachten Figuren sind heute sehr begehrt; wohl eine Folge schwerer Plünderungen der Fundstätten und der Erzeugung vieler Fälschungen.

GEGENÜBER
Die auf diesen Chancay-Stoff gemalten Figuren kommen uns seltsam vor, man muss aber annehmen, dass sie für ihren Schöpfer symbolische Bedeutung hatten. Die im Frühen Horizont weit verbreiteten bemalten Stoffe waren in der Späten Zwischenzeit wieder sehr beliebt. Das Bemalen beschleunigte die Produktion, eine Vorgangsweise, die man auch in der Keramik sehen kann.

Herstellung von Gegenständen, mit denen eine Botschaft vermittelt werden sollte, hin zur Produktion von Objekten, deren Botschaft war, dass sie wertvoll waren. Man kann sich leicht vorstellen, dass große Stoffe mit sich wiederholendem Muster als Wandbehänge eher Macht und Reichtum hochrangiger Adeliger zum Ausdruck brachten als eine spezielle Botschaft von der Beziehung von Menschen und Göttern.

KLEIDER, DIE EINDRUCK MACHEN

Der Trend zu weniger intensiver Symbolik ist auch in der Bekleidung und den Insignien von Herrschern und Priestern zu erkennen. Früher wurden Statussymbole wie der Ohrschmuck der Moche mit seinen vielen Details sorgsam verarbeitet. Diese kunstvollen Details konnten aber nur aus kurzer Entfernung erkannt werden, sie waren wohl dazu bestimmt, rivalisierende Herrscher oder einen kleinen Kreis von Aristokraten in der Ratskammer zu beeindrucken. Das Kostüm der Potentaten der Späten Zwischenzeit sollte vor allem aus der Ferne blenden. Aus breiten Flächen von Blattmetall formte man Kopfbedeckungen. Hemden wurden mit kleinen Metallreifen geschmückt, die im Sonnenlicht

LINKS
Eine Toten-«Maske« der Chancay, rot bemalt, mit eingefügten Augen. Solch einfache Holzmasken waren ein Merkmal der Kunst der Späten Zwischenzeit. Ihre starren, dramatischen Darstellungen deuten auf eine größere Verbreitung des Ahnenkults über die Eliten hinaus.

über einen großen Platz strahlten. Sogar Trinkgefäße wurden in »Übergröße« erzeugt, eine Trankopferzeremonie konnte so von einer großen Menge verfolgt werden, die zwar keine Details unterscheiden konnte, aber von Glanz und Tamtam beeindruckt wurde.

Wie die meisten kulturellen Entwicklungen begann auch dieser Trend schon früher, im Mittleren Horizont. Doch in der Späten Zwischenzeit nahm der Kult um die Toten neue Bedeutung an. Vielleicht nahmen nach dem Zusammenbruch der Hochlandimperien und dem Schwinden der staatlichen Unterstützung solcher Ahnen-Festmähler lokale Kräfte das Recht in Anspruch, ihrer Ahnen auf ihre eigene Weise zu gedenken. Sie griffen dabei vielleicht auf alte Ideen zurück, interpretierten Konzepte des Mittleren Horizonts neu oder schufen ihre eigenen. Eine dieser neuen Ideen waren wohl *Chullpas*, oberirdische Gräber in Form eckiger oder runder Türme, die vor allem bei Wari und Tiwanaku verbreitet gewesen waren.

GEGENÜBER
Ein *Chullpa*, ein steinerner Grabturm, aus Sillustani bei Puno. *Chullpas* waren in der Späten Zwischenzeit weit verbreitet. Sie sind ein Hinweis auf verstärkten Ahnenkult. Einzelne *Chullpas* kündeten von der Bedeutung einzelner Clans und boten zugleich den Nachkommen leichten Zugang zu den Mumien ihrer verehrten Toten, die sie mit Nahrung versorgten und um Rat fragten.

DAS REICH NAYMLAPS

DAS GOLD VON LAMBAYEQUE

GEGENÜBER
Dieses Detail eines Lambayeque-Pektorales aus Blattgold stellt eine stilisierte Figur dar, deren typischer, mit doppelten Quasten versehener Gürtel an mythische Helden der Moche erinnert, ein Hinweis für eine Kontinuität dieser Symbolik in späteren Zeiten. Blattmetall wurde in der Späten Zwischenzeit immer beliebter. Man konnte damit große Flächen auf Mauern oder Gewändern überziehen, die das Sonnenlicht reflektierten. Der dadurch erzielte Effekt sollte wohl die großen Menschenmengen beeindrucken, die damals an den Zeremonien teilnahmen.

Aus dem Nebel, in dem Legende und Geschichte der Anden verschwimmen, stammt eine 1586 aufgezeichnete Erzählung. In alten Zeiten segelte eine Flotte von Balsaflößen auf das Lambayeque-Tal zu, die einen König namens Naymlap mit seinem Gefolge brachte: Pitz Zofi, Wegbereiter; Fonga Sigde, Bläser der Muscheltrompete; Ninacola, Herr von Sänfte und Thron; Ninagintue, Mundschenk; Llapchillulli, Lieferant des Federgewandes; Xam Muchec, Aufseher der Gesichtsbemalung; Occhocalo, königlicher Koch; und Ollopcopoc, Herr des Bades. Naymlap brachte auch ein Idol aus Grünstein mit, den Yampellec, nach dem das Lambayeque-Tal benannt wurde. Der König gründete eine Dynastie, die aber schließlich der Eroberung des von Süden vordringenden Chimú-Reiches zum Opfer fiel.

Man weiß nicht, ob die Erzählung historisch ist, doch sie ist eine reiche Quelle für unsere Vorstellung über das Leben am Königshof von Lambayeque (auch Sicán genannt). Die Ämter des königlichen Gefolges zeigen, welchen Dingen große Aufmerksamkeit zuteil wurde, etwa dem Federgewand, bei dem glänzende tropische Vogelfedern einzeln auf einen gewebten Stoff geknüpft wurden, um einen schillernden Umhang herzustellen. Muscheltrompeten kennt man seit der Initialzeit, und es ist interessant, dass ein Hofbeamter einen damit zusammenhängenden Titel trug. Fonga Sigde, der Wegbereiter, soll Muschelstaub überall dort verstreut haben, wo sein Herr gehen wollte. Das war vermutlich Staub der Spondylusmuschel, was die Bedeutung dieser Muschel gegen Ende der Anden-Frühgeschichte unterstreicht und die großen Mengen erklärt, die man damals brauchte (siehe Seite 150–153, 159–160).

Während der Moche-Einfluss in den südlichen Tälern zusammenbrach, schien er sich im Norden mit dem Aufstieg der großen Stadt Pampa Grande reorganisiert und konsolidiert zu haben. Doch auch dort musste er schließlich weichen. Die nachfolgende Lambayaque-Kultur bestand aus mehreren Zentren, die lose durch mythische oder reale Ahnen wie Naymlap miteinander verbunden waren. Die Pyramiden von Batán Grande enthalten eines der größten dieser Zentren mit einem Siedlungskern,

RECHTS
Lambayeque-Totenmaske aus Blattgold geschnitten, mit Kupfereinlagen in Gestalt der klassischen »kommaförmigen« Augen- und Nasenornamente. Die für einen König oder bedeutenden Adeligen gemachte Maske stellt wahrscheinlich den Herrn von Sicán dar. Solche Masken gehören zu den Darstellungen des Alten Peru mit dem größten Symbolgehalt. Eine Theorie meint, dass der Träger der Maske dadurch im Jenseits in einen Gott verwandelt werden sollte.

LINKS
Ein weiteres symbolträchtiges Andenobjekt ist dieser Lamabyeque-Tumi (halbkreisförmiges Messer) aus Gold und Edelsteinen. Die Figur trägt eine Göttermaske des »Herrn von Sicán«, ähnlich der auf den vorangehenden Seiten – vielleicht ist dies auch der Gott selbst, dessen Bild auf Totenmasken der Führungsschicht kopiert wurde.

der allein 4 km² bedeckt und mehr als ein Dutzend Pyramiden enthält. Die Forschungen von Izumi Shimada und Kollegen lassen vermuten, dass es ein wichtiges religiöses Zentrum war, vergleichbar mit der Orakelstadt Pachacamac im Süden (siehe Seite 128–131).

DIE REICHTÜMER DER FÜRSTEN VON LAMBAYEQUE

Die Lambayeque-Kultur brachte die Metallverarbeitung zu neuen Höhen, und in vielen Lambayeque-Werkstätten standen den technischen Neuerungen auch organisatorische gegenüber, die effiziente Massenproduktion erlaubten. Große flache Masken aus Edelmetall mit charakteristischen »kommaförmigen« Augen kennzeichnen Oberschichtgräber in Lambayeque. Manche Masken waren noch mit Farbe oder Metallverzierungen wie Ringen, Nasenschmuck und von den Augen ausgehenden Strahlen geschmückt (siehe z.B. Seite 144–145). Auch große Silber- oder Gold-*Keros* waren typisch für diese Kultur, und unter den Erzählungen von Grabräubern gibt es Berichte über mehr als 150 solcher Gegenstände in einem einzigen Grab. Als anderes Extrem fanden Ausgräber große Mengen kleiner I-förmiger Kupferbarren oder *Naipes* in Batan Grande. Solche auch in Ecuador und Mexico entdeckten *Naipes* waren wohl ein internationales Zahlungsmittel vor der Münzzeit für den aufblühenden Handel an der Pazifikküste.

Während die Metallverarbeitung zunahm, was Verfügbarkeit, Technologie und Formenvielfalt betrifft, ging die Bedeutung der Keramik zurück. Es entstehen jedoch neue Gefäßformen und »Schnabel und Brücke« tauchen vermutlich infolge verstärkter Kontakte an der Küste auf. Anders als südliche Formen haben die Lambayeque-Gefäße oft einen Sockel, ein Detail, das in Ecuador und weiter im Norden noch beliebter war und wieder auf einen weiteren Einfluss deutet – wohl ebenfalls als Folge verstärkter Kontakte über See. Dominierendes Motiv auf diesen schlichten schwarzen oder

grauen Gefäßen ist eine als »Herr von Sicán« bekannte Figur. Er wird meist nur vom Hals aufwärts dargestellt, oft mit prächtigem Ohrschmuck und konischem Hut, der als Ausguss diente. Er hat eine schnabelartige Nase und manchmal Klauen statt Füßen, an seinen Schultern finden sich kleine Flügel. Der Herr von Sicán könnte eine Darstellung Naymlaps, des Begründers des mächtigen Lambayeque-Reichs, sein. Der Mythos von Naymlap endet mit seinem Tod, doch davor befahl er seinem Gefolge, dem Volk zu erzählen, dass ihm Flügel gewachsen und er davongeflogen sei

OBEN
Die beeindruckenden Gesichtszüge dieser Lambayaque-Kupfermaske lassen an ein Portrait denken, stellen aber wohl eine stilisierte, mythische Gestalt dar. Das von dem dazugehörigen Perlmutt-Halsband reflektierte Licht machte alles sehr eindrucksvoll.

LINKS
Solch kostbare Lambayeque-*Keros* wurden für Trankrituale verwendet. Das wiederholte Muster des Herrn von Sicán auf einem der Gefäße (ganz links) und die Türkiseinlagen auf anderen sind Beispiele der Vorliebe für Luxusgegenstände mit geringem Symbolgehalt, aber aus sehr wertvollen Materialien.

DIE SUCHE NACH DER STACHELIGEN AUSTER: FERNHANDEL

1513 irrte Vasco Nuñez de Balboa durch den Dschungel von Panama, als er in der Ferne etwas zwischen den Bäumen schimmern sah. Kurz darauf erblickte er als erster Europäer den Pazifik. Mehr als ein halbes Jahrhundert später vermerkte der spanische Hofchronist, dass ein Häuptling namens Tumaco Balboa erzählt habe, dass sich die Pazifikküste über große Entfernung »endlos« erstreckte und dass es sehr weit weg von ihr ein Land mit viel Gold gab. Tumaco formte aus Erde eines der seltsamen Tiere, die die Leute in jenem fernen Land zum Transportieren von Lasten verwendeten.

Das ist der einzige Bericht über ein Treffen zwischen Balboa und Tumaco, und er entstand Jahrzehnte, nachdem die Spanier Peru erobert hatten. Verständlicherweise sind die Forscher skeptisch, was die Authentizität der Geschichte betrifft, sie nehmen eher an, dass sie aus politischen Motiven erfunden wurde. Wie konnte ein Häuptling in Panama von den Reichtümern Perus tausende Kilometer weiter südlich wissen?

Entdeckungen der letzten Jahre verleihen der Erzählung höhere Glaubwürdigkeit. Es gibt nun überzeugende Beweise, dass zwischen etwa 600 und 1300 n. Chr. von Süden her spezialisierte Metallverarbeitungstechniken in Mexiko eingeführt wurden. Aus Zentralamerika oder Kolumbien kam die Technik der verlorenen Form, die Kaltverarbeitung kam aus dem südlichen Ecuador oder Nordperu. Dazwischen liegen viele Gebiete, wo diese Techniken nicht vorkamen, man muss also annehmen, dass sie nicht auf dem Land-, sondern auf dem Seeweg nach Mexiko kamen. Außerdem findet man typische Keramikstile und »stiefelförmige« Gräber und andere Dinge sowohl im westlichen Mexiko als auch im Gebiet der heutigen ecuadorianisch-peruanischen Grenze. Zwischen diesen beiden Regionen wurde wohl mehr ausgetauscht als bloß Metallverarbeitungstechniken. Zur Zeit der spanischen Eroberung hatten die Andenvölker genug Aufzeichnungen vom Leben vor den

UNTEN

Nach dem Entfernen der Stacheln wurde diese *Spondylus-princeps*-Muschel poliert und mit Einlegearbeiten von purpurfarbenem *Spondylus calcifer*, dunklerem *Spondylus princeps* und Türkis versehen. Der auf den Fisch hackende Vogel ist ein häufiges Chimú-Motiv. Es drückt die natürliche Ordnung von Räuber und Beute aus.

LINKS
Dieses Gefäß aus Schwarzware unterstreicht die Bedeutung der Stachelauster für die Chimú. Die Gestalt hält einen ungewöhnlich großen *Spondylus princeps*. Als Lieferant oder Eigentümer dieser Muschel wurde so eine Person mit Respekt und Hochachtung bedacht.

Inkas, sodass wir ein klares Bild eines frequentierten Seeweges entlang der Pazifikküste in der Späten Zwischenzeit erhalten. Solche Reisen gab es wohl schon früher, doch in der späten Frühgeschichte wurden die Wellen von großen Fernhandelsschiffen durchpflügt. Es gab viele ecuadorianische und peruanische Küstenorte, die auf Fernhandel spezialisiert waren. Die Manteño-Kultur in Ecuador gehörte wahrscheinlich dazu, und die Menschen von La Puna, einer großen Insel im Golf von Guayaquil, nennt man wegen der über sie erzählten Seefahrergeschichten die »Wikinger des Pazifiks«. Die Fahrten der La Puna verbanden wie die der Wikinger Handel und gelegentliche Raubüberfälle.

An Perus Südküste steht 200 km südlich von Lima eine große Adobenruine nahe der Chincha-Mündung. Forschungen ergaben, dass die Herren der Zitadelle und des Tals Meister des Überseehandels waren. Die Chincha waren so erfolgreich bei ihren Fahrten nach Norden, dass die Inkas, als sie sie eroberten, bloß ein Gebäude in La Centinela (vermutlich für den Inka-Statthalter) errichteten, sie aber sonst ihre Handelsaktivitäten unbehindert weiter ausüben ließen. Alles, was die Inkas verlangten, war ein Anteil am Gewinn an diesem erfolgreichen Unternehmen, an dem mehrere tausend Personen beteiligt gewesen sein sollen.

EIN ROTER SCHATZ AUS DEM MEER

Was war so kostbar, dass sich die Küstenbewohner dafür für Monate von zu Hause fortwagten? Dunkelblauer Lapislazuli wurde aus Chile gebracht, bunte tropische Vogelfedern wurden tief im fernen Urwald gesucht. Die begehrteste Beute aber war die Spondylusmuschel. Diese schöne Auster mit Stacheln an ihrer hellroten Schale findet man nur in den warmen tropischen Gewässern von Ecuador

LINKS
Vorderseite eines großen Ohrschmucks mit Abbildungen von Männern und Spondylusmuscheln. Die Darstellung zeigt die Verteilung der stacheligen Auster. Das Material ist nicht Muschelschale, sondern Chalcanthit und Gold, ebenfalls sehr begehrt und wertvoll.

und nördlich davon. Eine größere, glattere Spondylus-Art war wegen ihrer Purpurschale gefragt und wurde für Einlegearbeiten und andere Verzierungen verwendet, doch der rote *Spondylus princeps* galt als Nahrung der Götter und ist heute noch wesentlicher Bestandteil von Ritualen. Spondylusmuscheln kommen in tiefem Wasser vor, man brauchte also Taucher, die die Luft besonders lang anhalten konnten, um die Muschel zu jagen – diese konnte in die Tiefe abtauchen, um ihren Räubern zu entkommen.

Spuren von Spondylusmuscheln findet man bei präkeramischen Fundorten, mehr noch in Zentren der Initialzeit. Danach kommen Spondylusmuscheln bis zum Ende der Anden-Frühgeschichte in immer größerer Zahl in den Fundstätten vor. Seit der Späten Zwischenzeit wurden sie in großen Mengen nach Peru importiert, und peruanische Händler reisten vermutlich weit nach Norden, vielleicht bis Mexiko, um die ständig steigende Nachfrage nach dieser Muschel in ihrer Heimat zu befriedigen (siehe Seite 159–160).

Als Francisco Pizarro 1527 die Regionen erkundete, die er erobern wollte, begegnete er einem Floß aus großen Baumstämmen, das geschätzte dreißig Tonnen wog. Pizarros Steuermann Bartolomé Ruiz stellte fest, dass es Mast und Baumwollsegel hatte und eine Besatzung von zwanzig Mann. Das Floß trug viele Gegenstände aus Gold und Silber in Form von Verzierungen, aber auch kostbare Stoffe und Gewänder aus Baumwolle und Wolle. All diesen Reichtum brachten sie, um »einige Meeresmuscheln zu bekommen, aus denen sie korallenfarbene und weiße Perlen machten«. Ohne Zweifel war das ein Spondylushändler – einer der letzten eines erfolgreichen Handelsunternehmens, das hunderte Jahre davor begonnen hatte und in der Späten Zwischenzeit zu größter Bedeutung emporgeschnellt war.

GEGENÜBERLIEGENDE SEITE
OBEN **Spondylus-Expeditionen erforderten große Balsaflöße, doch die Fischer an der Küste und am Titicacasee verwendeten meist Schilfboote wie dieses hier. Man macht sie in diesen Gebieten bis heute, es dauert acht Monate, bis das Schilf sich mit Wasser ansaugt, genau so lange braucht man für die Herstellung eines Bootes, sodass ständig neue erzeugt wurden.**

UNTEN **Die Inkas nannten die Spondylusmuscheln *Chaquira* und schätzten sie sehr. Doch auch andere Muscheln wie die bei dieser Halskette verwendeten waren begehrt, wenn auch nicht so sehr.**

DAS REICH VON CHIMOR

MÄCHTIGE RIVALEN DER INKAS

GEGENÜBER, OBEN
Friese mit wiederholten Abbildungen dieser eigenartigen, eichhörnchenartigen Tiere – vielleicht Nutria oder Koipu – zieren weite Strecken der Mauern von Chan Chan. Der riesige Ort wurde als die alte Stadt Chimor, Hauptstadt des Königreichs der Chimú, identifiziert.

GEGENÜBER, UNTEN
Der so genannte »Tempel des Regenbogens« in Chan Chan ist wie viele Bauwerke der ausgedehnten Stadt mit auffallenden Adobenreliefs verziert, die Tiermotive und geometrische Muster zeigen. Das Muster dieses Ausschnitts ist besonders komplex.

Heller noch als Lambayeque steht im Licht historischer Zeiten das große Reich, das heute Chimú genannt wird. Dank der Berichte alter Leute zur Zeit der Ankunft der Spanier in Peru wissen wir, dass das Reich und seine Hauptstadt eigentlich Chimor hießen und dass Chimú der Titel des Herrschers war. Eine Ursprungslegende ähnlich der von Lambayeque, das von Chimor erobert wurde, bestand auch lange genug, dass sie in der Kolonialzeit aufgezeichnet werden konnte. Sie berichtet von einem Gründer namens Taycanamu und einer Herrscherdynastie bis zu König Minchançaman, der sich den Inkas ergab. Es gab neun bis elf Könige dieser Dynastie, je nach Interpretation der Aufzeichnungen. Die Frage der Zahl der Könige ist wichtig, da sie direkt mit archäologischen Funden zusammenhängt.

Ohne Zweifel war Chimor, die Hauptstadt des Königreichs Chimor, das heutige Chan Chan auf der Nordseite des Moche-Tals, heute nur wenige Fahrminuten entfernt von den Moche-*Huacas*, wo ihre Ahnen gelebt hatten. Der Ort ist riesig, er erstreckt sich über 20 km^2 an der Flussmündung, direkt an der Küste. Innerhalb der großen Stadt gab es Wohngebiete für 26000 Bürger, die meist vermutlich in der Textil-, Metall- und Keramikproduktion tätig waren. Die herrschende Klasse der Chimú dürfte um die 6000 gezählt haben, die in großen Ziegelumbauwerken lebten, dazu kamen noch tausende Diener, die in der Nähe der Wohnungen ihrer Herren lebten. In der Stadt gab es keine Fischer oder Bauern, sie war ausschließlich Regierungssitz, Handwerks- und Handelszentrum. Die Gesellschaft war stark gegliedert – eine Chimúlegende besagt, dass jede Klasse aus einem eigenen Ei geboren wurde: ein goldenes Ei für die adeligen Männer, ein silbernes für ihre Frauen, Kupfer für das Volk.

PALÄSTE DER LEBENDEN UND DER TOTEN

In der ausgedehnten Metropole gab es einen 6 km^2 großen Bereich mit großen Anlagen, von den Spaniern *Ciudadelas* (Zitadellen) genannt. Je nach Zählung gibt es bis zu zehn davon, die einige Forscher mit der Königsliste der Herkunftslegende der Chimú in

OBEN

Gesamtansicht der viele Kilometer langen Adobenmauern, aus denen die beeindruckenden Ruinen von Chan Chan bestehen. Ein Merkmal der Chimú-Kunst in Chan Chan ist die beschränkte Zahl von systematisch wiederholten Dekorationsmotiven, ähnlich wie bei den Stoffmustern.

GEGENÜBER

Ein Detail mit Kriegern und mythologischen Gestalten aus den gemeißelten Adobenbildern des »Tempels des Regenbogens« von Chan Chan.

OBEN
Die eindrucksvolle Zitadelle von Paramonga überragt das Fortaleza-Tal. Sie gilt vielfach als Chimú-Festung an der Südgrenze ihres Imperiums. Der massive Adobenziegelbau erhebt sich in mehreren Schichten über die Umgebung. An manchen Stellen tragen die Mauern Spuren von Gips und bunter Farbe. Die Gebäude an der Spitze haben Steinböden und charakteristische trapezförmige Tore.

Zusammenhang bringen wollen. Andere Wissenschaftler erkannten, dass die Baustile der *Ciudadelas* vermuten lassen, dass sie paarweise errichtet wurden, ein Hinweis auf ein mögliches Doppelkönigtum, ein verbreitetes politisches System der Anden (siehe Seite 174). Die Architektur der Anlagen veränderte sich im Lauf der Zeit, und einige wurden ausgeraubt, es gibt aber ein Grundmuster, das zeigt, dass sie tatsächlich Residenzen, aber wahrscheinlich auch Mausoleen der großen Könige von Chimor waren.

Die Anlage dieser *Ciudadelas* sollte wohl beeindrucken. Ihre Erbauer folgten einer jahrhundertealten Tradition und legten weniger Wert auf Höhe denn auf große Räume, die in ausgedehnten horizontalen Anordnungen innerhalb hoher Mauern verteilt waren und auch große, begehbare Brunnen besaßen. Einige Teile der Anlage zwangen den Besucher durch lange Gänge hin und her zu gehen, bevor er einen offenen Bereich erreichte – ein Anklang an die Labyrinthe von Chavín de Huantar (siehe Kapitel 2), nun aber mit weltlichem Zweck.

Relativ kleine Raume, auf spanisch *Audiencias* (Audienzräume) genannt, waren wahrscheinlich die Residenzen königlicher Verwalter in den Anlagen. Wieder erinnern

RECHTS

Ein Chimú-Zeremonien-*Kero* aus Holz mit Gold- und Türkiseinlagen mit der Darstellung einer Männerfigur. Er ist ein Beispiel für den Hang der Chimú zu sehr dekorativen Kunstgegenständen.

die hauptsächlich aus U-förmigen Adobenkammern mit Wandnischen bestehenden *Audiencias* an alte Formen. In den um die *Audiencias* gelegenen Bereichen gab es andere Kammern und erhöhte, eckige Behälter, vielleicht Lagerräume für Luxusgüter wie Spondylusmuscheln, Metall und Stoffe. Das waren vielleicht für den König bestimmte Tribute oder Geschenke für Besucher als Zeichen der Gastfreundschaft und der Großzügigkeit des Königs.

Weiter hinten in der *Ciudadela* und wahrscheinlich nur für die engste Umgebung des Königs zugänglich waren die Wohnbereiche. Ganz hinten war ein Totenkomplex, der aus einer großen zentralen Kammer umgeben von vielen kleinen, zellartigen Krypten bestand. Nach den Berichten der Konquistadoren und den Untersuchungen heutiger Archäologen ist es ziemlich sicher, dass die große Kammer das Grab des Herrschers war, während die kleineren mit Opfergaben – darunter geopferte Frauen – für das Leben des Königs im Jenseits gefüllt waren.

Vermutlich nahmen die Chimú Lambayeque-Schmiede gefangen und zwangen sie, in Chan Chan zu arbeiten. Später machten die Inkas dasselbe mit den besiegten Chimú und zwangen ihre besten Handwerker, in Cuzco zu arbeiten. Die Inkas waren die ersten, die viele Grabkammern in Chan Chan plünderten, einige Jahrzehnte später folgten die Spanier. Forscher meinen, dass die Inkas mehr als nur Raubgüter aus Chan Chan mitnahmen. Die Idee, dass ein Monarch nach dem Tod in seinem Palast weiterlebt und dass seine Familie den königlichen Besitz weiterführt und kontrolliert, war vielleicht ein von den Inkas übernommenes Chimú-Konzept.

DIE KUNST VON CHIMÚ

Lambayeque hatte Erfahrung im Fernhandel, und die Eroberung Lambayeques durch die Chimú war vielleicht vom Wunsch getragen, dieses Geschäft zu monopolisieren. Die Verwendung der Spondylusmuschel ist ein konstantes, wiederholtes Thema der Chimú-Kunst. Sie wird für verschiedenste Einlegearbeiten und Ornamen-

RECHTS
Ursprünglich an Stoff befestigte Schmuckplatte aus Blattgold. Der Körper der Hauptfigur wurde auf einen kauernden Rumpf mit zwei kleinen Füßen reduziert. Die sie flankierenden Geschöpfe könnten Varianten des von der Recuay- und Moche-Kunst bekannten »Mondtieres« sein.

OBEN
Diese kunstvollen Chimú-*Keros* bestehen je aus einem einzigen Silberblech, sie wurden vermutlich mit einem Adeligen bestattet. Obwohl Gold das wertvollere Metall war, sind Silberobjekte seltener als goldene, da Silber schwerer zu gewinnen ist und schneller korrodiert.

te gebraucht. Darstellungen der Muschel sind allgegenwärtig, ein Zeichen für ihre überragende Bedeutung in dieser Zeit (siehe Seite 150–153). Männer werden abgebildet, die die Muschel halten, als ob sie ihre Funde zeigen wollten. Eine Serie von Silbertellern zeigt verschiedene Personen und vielleicht Götter bei der Jagd nach Spondylusmuscheln. Spondylusfischer, die mit angelegten Sicherheitsleinen von Flößen aus nach der wertvollen Muschel tauchen, sind sogar auf einem Adobenfries in einer der *Ciudadelas* von Chan Chan abgebildet.

Vieles in der Chimú-Kunst ist vor allem dekorativ, etwa große bemalte Stoffe, die als Hintergrund für davor ablaufende Aktivitäten bestimmt waren. Viele der langen *Ciudadela*-Mauern von Chan Chan waren schmucklos, bis auf eine einzige Schicht roter Farbe. Friese bestehen oft nur aus einfachen Bändern horizontaler Linien oder sich wiederholender Motive von Fischen, Vögeln oder einer Art Eichhörnchen, vielleicht ein Nutria oder Koipu (siehe Abbildungen Seite 155–157). Die Abbildung der Spondylustaucher ist also eine seltene Ausnahme und unterstreicht die Bedeutung der Muschel für die Herren von Chimú und ihre Besessenheit von der Stachelauster. Die Chimú-Künstler führten die Lambayeque-Tradition schwarzer Keramiken mit einfachem Design fort, der Symbolgehalt nahm weiter ab, da der Herr von Sicán nicht länger dargestellt wurde. Große Federmäntel und Hemden, Gewänder mit glitzernden Goldplättchen und andere beeindruckende Objekte waren für die Oberschicht bestimmt. Die Adeligen verwendeten oft Gold- und Silbergefäße, die Nachbildungen der Keramikgefäße des einfachen Volks waren, und tranken daraus.

Das Chimú-Imperium erstreckte sich von der heutigen Grenze zwischen Ecuador und Peru nach Süden. Die Festung Paramonga hoch über dem Fortaleza-Fluss, 200 km nördlich von Lima, halten manchen als Grenze des Chimú-Reichs (siehe Abbildung

LINKS

Eine Chimú-Tunika. Das sich wiederholende Muster stilisierter Vögel ist ein Merkmal der dekorativen Ästhetik der Kunst jener Epoche. Die Figuren im verkehrten Pyramidenmotiv unter dem Halsschlitz könnten Affen oder eine Variante des »Mondtieres« sein.

UNTEN

Die trockenen Wüsten der peruanischen Küstenzone konservierten nicht nur Stoffe, sondern auch Leder. Nach den Gold- und Türkisornamenten und dem feinen Geflecht der Streifen zu urteilen, gehörten diese Sandalen einer höher gestellten Persönlichkeit.

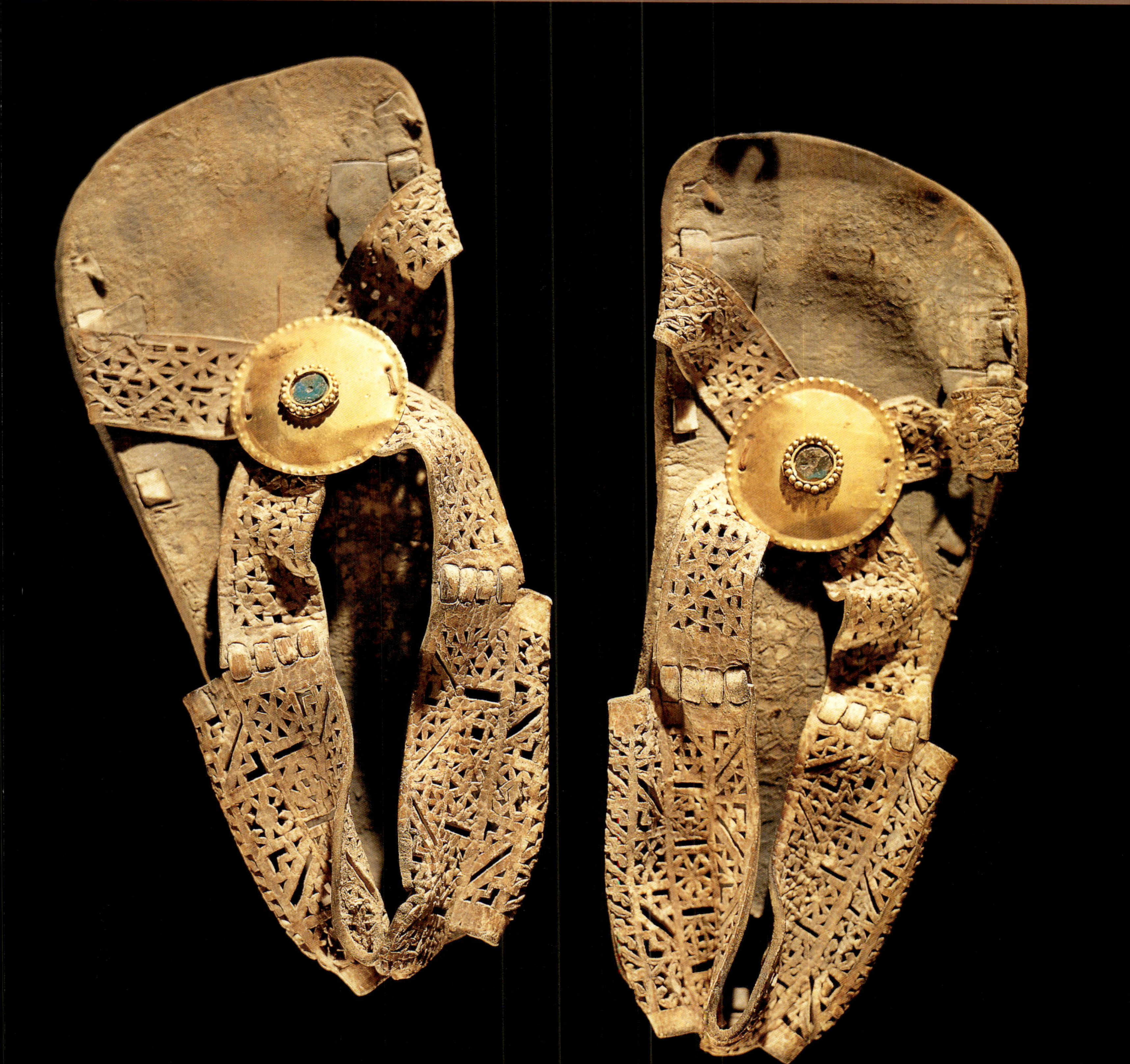

LINKS
Der Zweck solch großer Goldhände und Unterarme wie dieser Chimú-Beispiele ist unbekannt. Eine Theorie sagt, dass sie als zeremonielle Insignien von Priestern bei Ritualen getragen wurden, wodurch sie überlebensgroß wirkten.

RECHTS
Zeremonieller Feder-Kopfschmuck der Chimú. Mit seinen exotischen Vogelfedern – darunter Flamingo, Ara, Amazonaspapagei und Mituhokko – ist dieser Fund von der zentralen Küstenregion Perus ein Beweis für andenweite Handelsnetze.

Seite 158), es könnte aber noch weiter gereicht haben. Obwohl kein Ort Chan Chan gleichkam, fand man auch andere Zentren wie Manchan und Farfán.

CHIMÚ – EXPANSION UND KONFRONTATION

Das Moche-Tal, das wesentlich kleiner als das Chicama-Tal im Norden war, musste bis an seine Grenzen belastet worden sein, um die Bedürfnisse der großen Bevölkerung der Hauptstadt zu decken. Mit begehbaren Brunnen, die man in den *Ciudadelas* fand, konnte man relativ tiefe Grundwasserschichten anzapfen, was aber auf die Dauer nicht ausreichte. Die Chimú brachten einige bemerkenswerte technische Leistungen zustande und bauten eine hohe Mauer quer durch das Nordende ihres Tals, vielleicht um die Bevölkerungsbewegung aus und in die übervölkerte Hauptstadt zu kontrollieren. Zur Behebung ihres Wassermangels begannen sie eines der größten Kanalbauprojekte des alten Südamerika. Sie reaktivierten alte Kanäle und versuchten, einen 70 km langen Kanal vom mittleren Chicama-Tal nach Chan Chan zu bauen. Das Projekt wurde nie vollendet, da die Erbauer das Wasser nicht über die aktive Verwerfungslinie in der Wüste bergauf rinnen lassen konnten.

Die Chimú versuchten ihr Imperium auf Handel aufzubauen, wandten aber auch militärische Gewalt an. Nach einer bedrohlichen El-Niño-Periode mit Flut und Zerstörung um 1100 n. Chr. scheinen sie ihre militärischen Aktivitäten verstärkt zu haben. Damals erreichte das Chimú-Imperium mit der Eroberung der Täler im Norden seine größte Ausdehnung. Mit dieser neuen Strategie wuchs das Chimú-Reich zum zweitgrößten Imperium vor der Eroberung der Anden. Bald aber wurde es von einer noch größeren Macht übertroffen. Das weit im Süden verwurzelte neue Imperium wurde von einem Volk regiert, das man die Inkas nannte.

LINKS

In einem Kontinent ohne Zugtiere reisten die Herren vor der Ankunft der Europäer auf den Schultern ihrer Untertanen. Diese Tafel von einer Chimú-Sänfte hat kleine mit Kriegern gefüllte Felder, eine Betonung der Macht des Herrschers, der einst darin getragen wurde. Vielleicht sind das auch Darstellungen des Herrn von Sicán, der in die Chimú-Ikonographie Eingang fand, nachdem Lambayeque unter die Herrschaft Chimors kam.

Kapitel 6

DIE INKAS: HERREN DER VIER VIERTEL

SPÄTER HORIZONT
UM 1450–1534 N. CHR.

LINKS
Die königliche Festung Machu Picchu wurde zum weltbekannten Symbol der Inka-Zivilisation. Der angeblich vom Inka-Kaiser Pachacuti um 1450 gegründete Ort liegt so versteckt, dass er den spanischen Eroberern verborgen und bis in die Gegenwart von Fremden unberührt blieb.

DAS REICH DER SONNE

DIE ANDEN UNTER DER INKAHERRSCHAFT

UNTEN UND GEGENÜBER
Die kunstvolle gemalte Figur auf dem Inka-*Kero* datiert ihn auf die frühe Kolonialzeit, doch die Form ist eine Fortsetzung älterer Traditionen. Der Ausschnitt (gegenüber) zeigt die Faszination der Inkas für die Völker des tropischen Tieflands, hier dargestellt mit großen Federhüten, Bogen und Pfeilen.

Die Inkas wurden abwechselnd langweilige Bürokraten, sozialistische Utopisten der Neuen Welt, Faschisten unter den amerikanischen Ureinwohnern und Römer Südamerikas genannt. Natürlich waren sie nichts davon, aber man kann leicht erkennen, wie solche Bezeichnungen zustande kamen, die je nach der politischen Großwetterlage entstanden. In ihrem detaillierten und methodischen System der Zählung von Feldern, Vieh und Untertanen kann man schwerfällige Bürokratie sehen. In ihrer durchorganisierten Verteilung der Ressourcen in ihrem ganzen Reich kann man eine frühe Form des Sozialismus interpretieren – inklusive seiner dunkleren »Big-Brother«-Aspekte, wie die genaue Kontrolle der Bevölkerung, soziale Instrumentalisierung und unermüdliche Unterdrückung von Aufständen. Und schließlich erinnert die Entwicklung einer ausgefeilten Militärstrategie, basierend auf Straßen und schnellen Kommunikationswegen, auf hoch organisierten Armeen und einer typischen Inka-Lebensart, die den Eroberten auferlegt wurde, an die Römer.

Wir wissen viel mehr über die Inkas als über jedes andere prähistorische Volk Südamerikas, weil sie 1534 ins Licht der Geschichte gestoßen wurden, als die Spanier mit Papier, Büchern und Schreibfedern, aber auch mit Schwertern, Kanonen und Krankheiten ankamen. Da man so viel über sie weiß, besteht die Gefahr, frühere Andenkulturen in einer Art Rückwärtsprojektion aus der Sicht der Inkas zu interpretieren. Genauso muss man sich hüten, frühere Ereignisse als unvermeidliche Vorboten der Entstehung des Inkareichs zu sehen, des größten Staates der Anden vor der Kolonialzeit.

Spanische und *Mestizo*-Autoren verfolgten ihre eigenen Intentionen und verdrehten oft das Gehörte, damit es in ihr Bild passte. Zugleich wollten auch die Inkas, die den Spaniern ihre Geschichte erzählten, die Ereignisse zu ihrem Vorteil darstellen. Nehmen wir ein Beispiel: Die Inkas behaupteten, dass vor dem Aufstieg ihres Imperiums Peru in völligem Chaos gelegen habe und dass sie eine zivilisatorische Mission unter Wilden erfüllt hätten.

LINKS

Detail eines anonymen Ölgemäldes der Königsfolge der Inkas, entstanden im 18. Jh. in Cuzco. Die Spanier dürften die Abstammungslinie bewusst fehlinterpretiert haben, um die Nachfolge in der Kolonialzeit zu manipulieren.

REISENDE AUS DER HÖHLE

Wie viele große Kulturen hatten auch die Inkas mehr als einen Entstehungsmythos. Einer beschreibt die Erschaffung des Volks der Inkas, der andere erzählt, wie ihr Weltreich entstand. Die Inkas behaupteten, dass ihre Ahnen nicht aus dem Cuzco-Tal, dem Kernland ihres Imperiums, stammten, sondern aus Inti, der Sonne, in der alten Stadt Tiwanaku geboren worden waren. Von dort sollen vier Geschwisterpaare unter der Erdoberfläche in die Höhle von Pacaritambo (»Ursprungshöhle«) bei Cuzco gewandert sein, um – geführt von Manco Capac, dem Ahnherrn der Inkakaiser, und Mama Ocllo, seiner Schwester und Frau – ihre Reise fortzusetzen. Als ein goldener Stab in die Erde sank, hielten sie an, um den Sitz des Inkavolks zu errichten – den Coricancha, den großen Inkatempel von Cuzco.

Die zweite Geschichte handelt zu einer Zeit, als die Inkas einer von vielen kleinen Staaten in der turbulenten Späten Zwischenzeit waren. Um 1438, heißt es, waren die Inkas durch eine Invasion ihrer Feinde, der Chanka, in Gefahr. Die Einzelheiten der Erzählung variieren, doch ein Schlüsselelement ist der Aufstieg eines jungen Prinzen,

GEGENÜBER

Die charakteristische gebogene Mauer des Coricancha, des heiligsten Tempels von Cuzco, ist heute noch sichtbar. Zur Inkazeit waren die schönen Steinmetzarbeiten des Sonnentempels unter einer Goldschicht verborgen – die Inkas machten ihre feinsten Steinarbeiten für die Augen der Götter, nicht der Menschen. Die Steinmetzarbeiten wurden freigelegt, als die Spanier das Gold entfernten und hunderte Wagenladungen davon wegschafften. Sie bauten dann eine Kirche und das Kloster Santo Domingo oben auf dem Tempel, ein Zeichen der Eroberung und Beherrschung.

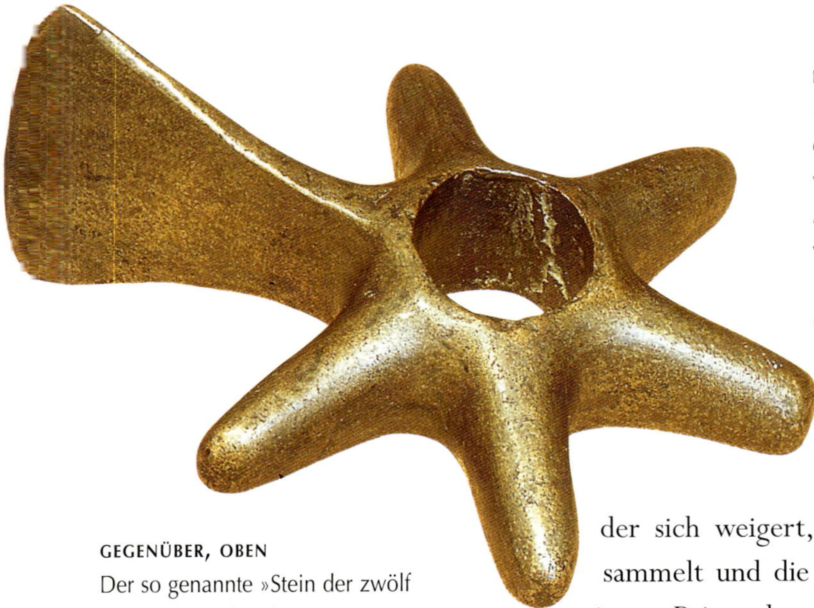

LINKS
Inka-Streitaxt aus Bronze. Unter den Inkas erreichte die Metallverarbeitung ein Niveau, mit dem Metallgegenstände weit verbreitet wurden, sie waren aber vermutlich auf höhere Ränge bei Militär und Adel beschränkt.

GEGENÜBER, OBEN
Der so genannte »Stein der zwölf Engel« ist ein berühmtes Meisterwerk der Inka-Steinmetzkunst, das immer noch in der Hatun-Raumiyoc-Straße in Cuzco steht. Die Steine dieser Mauer passen so perfekt, dass kein Mörtel erforderlich war. Heute ist diese Mauer Teil des Palasts des Erzbischofs von Cuzco, einst war das der Königspalast des Inkas Roca.

GEGENÜBER, UNTEN
Die für die Inka-Architektur charakteristischen Nischen und Eingänge erkannt man hier in Pisac, einer von mehreren hoch gelegenen Siedlungen des Urubamba-Tals –, zu denen auch Picchu, Ollantaytambo und Winay Wayna zählen – die einige der schönsten architektonischen Leistungen der Inkas bergen.

der sich weigert, sich zu ergeben oder abzuziehen, seine Krieger versammelt und die Chanka endgültig schlägt. Nach der Schlacht hört der junge Prinz, dass sich im Kampf sogar die Steine der Felder gegen die Chanka erhoben hätten. Aus Dankbarkeit befielt er, die Steine zu sammeln und daraus einen Schrein zu errichten. Er nimmt den Namen Pachacuti an, was »Die auf den Kopf gestellte Welt« bedeutet. Bis heute wird dieses Wort in Quechua, der alten Inkasprache, für Erdbeben und politische Umwälzungen gebraucht. Pachacuti war tatsächlich einer, der die Welt veränderte, denn er machte aus einem Stadtstaat das Inkareich.

Die Königsliste der Inkas nennt an die elf Herrscher, nach Pachacuti aber nur mehr zwei vor der Ankunft der Spanier. Die Inkas behaupten also, ihr Imperium – vom heutigen Santiago de Chile bis ins nördliche Ecuador – in kaum mehr als einem Jahrhundert erobert zu haben. In letzter Zeit nehmen Forscher an, dass die Inkaexpansion schon unter den früheren Königen langsamer vor sich ging. Pachacuti dürfte eine historische Persönlichkeit gewesen sein, die wie so viele Monarchen Geschichte schrieb und umschrieb. Um die Sache noch weiter zu komplizieren, dürften die Königsnamen vor Pachacuti eher Ämternamen als Individuen gewesen sein. Eine andere Theorie meint, dass die acht Herrscher vor ihm vier Paare von Doppelkönigen waren. Das lässt sich zwar nicht beweisen, ist aber durchaus wahrscheinlich, da es in den Anden einen ausgeprägten Hang zu dualer Herrschaft gab und geteilte Führung bei den amerikanischen Ureinwohnern häufig war. Die Eroberung eines so großen Gebiets durch die Inkas in so kurzer Zeit scheint erstaunlich, war aber nicht einigartig in der Geschichte, denkt man etwa an die blitzschnelle Ausbreitung des arabischen Weltreichs oder an die Eroberungen Alexanders des Großen.

STRATEGIEN DES IMPERIUMS

Das Inkareich verdankte seinen Erfolg einer Kombination von Militärmacht und geschickter Diplomatie. Die militärischen Erfolge der Inkas waren nicht nur ihren Waffen

LINKS
Das Inka-Königsgut vom Machu Picchu gesehen von Südwest, von der halben Höhe des größeren Huayna-Picchu-Gipfels. Die Anlage umfasste Residenzen für die Herrscherfamilie und ihr Gefolge, Tempel, Bäder, Versorgungseinrichtungen und Ackerterrassen. Nach der Eroberung Cuzcos durch die Spanier, 1534, diente Machu Picchu neben anderen Königsgütern an den steilen Hängen des Urubamba-Tals als Rückzug und Exil der Inkas. Das von den Konquistadoren nie erreichte Machu Picchu wurde schließlich aufgegeben. Erst 1911 entdeckten Fremde bei einer von Hiram Bingham geführten Expedition der Universität Yale den Ort.

RECHTS, OBEN
Intihuatana, der »Angelpunkt der Sonne«, ist das zentrale Element des Sonnentempels von Machu Picchu und anderer Inka-Sonnentempel. Der gekerbte Steinpfosten erinnert an den Lanzón und an den Tello-Obelisken von Chavín de Huntar. Er war eine astronomische Beobachtungseinrichtung oder ein Ritualgegenstand.

RECHTS, UNTEN
Trotz seiner atemberaubenden Lage unter den Wolken am Berg hoch über dem Urubambafluss liegt Machu Picchu eigentlich tiefer als Cuzco. Es bot also dem Inkaherrscher und seinem Hof Erholung von dem oft rauen Wetter der Hauptstadt.

zuzuschreiben – vor allem Lanzen, Keulen und Schleudern –, die sich kaum von jenen der Chavín-Zeit unterschieden. Der Schlüssel der Inkasiege waren die Organisation der Armee und die Logistik. Die Inkas steckten als erste Südamerikaner ihre Truppen in Uniformen. Die Spanier berichteten von typischen Tuniken der Krieger in Schachbrettmuster – eine vorrückende Inka-Armee dürfte einen beeindruckenden Anblick geboten haben. Noch bedeutender war das System von Straßen und Vorratslagern, das es den Truppen erlaubte, rasch vorzurücken und sich mit Waffen und Nahrung zu versorgen.

Die Inkas integrierten vermutlich ältere Straßensysteme in ihr eigenes Straßennetz. An der Küste waren die Straßen breit und meist umwallt. Im Hochland waren die schmalen Pfade mit Steinen gepflastert und daher leicht begehbar. Im 16. Jh. bestand das Verkehrsnetz aus entlang der Küste und im Hochland in Nord-Süd-Richtung verlaufenden Hauptstraßen, die in den wichtigsten Küstentälern durch Querstraßen verbunden waren. Große Verwaltungsstädte wie Huanuco Pampa waren Kontrollzentren der Inkas, sie beherbergten Beamte, Heereseinheiten und Handwerker. Lagerhäuser enthielten

LINKS
Ein Langhaarlama aus Blattsilber unterstreicht die Natur der Hochlandökonomie der Inkas. Man kann Lamas nicht reiten, verwendete sie dafür aber als Packtiere, oft in großen Herden, wodurch sie für den Gütertransport im Inkareich lebenswichtig wurden.

OBEN
Die Anlage von Ollantaytambo im Urubamba-Tal war eine Kombination von Residenz, Tempel und Festung. Sie liegt an einer Bergschulter über einem Fluss und beherrscht wichtige Pässe. Man glaubt, dass Pachacuti den Ort mit Zwangsarbeitern aus der Gegend des Titicacasees errichten ließ. Später war Ollantaytambo einer der Orte, wo der Inka-Hof im Exil gegen die spanischen Angriffe aus Cuzco standhielt. Nach spanischen Berichten waren seine Terrassen mit bunten Blumen bepflanzt.

Waren, die von den Bewohnern als Steuern abgegeben wurden, aber auch Lebensmittelvorräte für Notzeiten. Kleinere Wegestationen, die *Tambos*, waren in bestimmten Abständen und bei kritischen Knotenpunkten eingerichtet, etwa bei den berühmten Hängebrücken, die die Hochlandschluchten überspannten.

Die Straßen konnten von der Armee des Imperiums, aber auch von Feinden benutzt werden. Die Inkas kontrollierten daher streng, wer auf ihren Straßen reisen durfte, und ein Verstoß gegen die Bestimmung, die Tracht seiner ethnischen Gruppe zu tragen – und somit identifizierbar zu sein –, wurde mit dem Tod bestraft. Die Inkas besaßen auch eine spezielle Einheit gut trainierter Laufboten, die *Chasquis*. In Ermangelung von Geld hoben die Inkas Steuern in Form von Waren und Diensten ein, dabei kamen auch die besten Läufer unter ihren Untertanen in das *Chasqui*-System. Sie trugen Uniformen und liefen relativ kurze Strecken, um ihre Nachrichten oder kleine Objekte dem nächsten Läufer weiterzugeben, der oft in einem *Tambo* stationiert war. Auf diese Weise konnte der Kaiser, der Sape Inka, innerhalb weniger Tage Nachricht von Ereignissen vom Ende seines Reichs bekommen – und frischen Fisch von der Küste oder Schnee von den Bergen.

RECHTS

Detail einer männlichen Silberfigur. Goldeinlegearbeiten umgeben den Kopfschmuck. Die Einlagen über den Wangen und der Nase gingen verloren, aber die Muscheleinlagen an Brust und Armen sind intakt. Die vom Tragen des Ohrschmucks vergrößerten Ohrläppchen weisen auf den hohen sozialen Status der Figur.

OBEN
Detail einer Tunika, vermutlich *Qompi*, der kostbarste Inka-Stoff (siehe Seite 201). Das charakteristische quadratische Motiv, *Tocapu*, bezeichnet den Status des Trägers des Gewandes. Dies ist eines der Motive, das auch im Königsgewand von Seite 200 vorkommt, es bedeutet vermutlich die Stellung des Herrschers über allen anderen hochgestellten Personen.

Die *Chasquis* trugen auch *Khipus*, die Knotenschnüre. Es gab *Khipus* schon vor den Inkas, diese aber setzten sie systematisch und in großem Umfang für Datenaufzeichnungen ein. Ein eigenes Amt, das *Khipukamayos,* war für die Errichtung und Bewahrung der *Khipu*-Archive verantwortlich. Die Forscher rätseln noch immer über das Funktionieren der *Khipus* (das Wort bedeutet schlicht »Knoten«). Zeichnungen aus der frühen Kolonialzeit zeigen eine waagrecht gehaltene Schur mit anderen daran hängenden Schnüren. Man weiß, dass die Inkas das Dezimalsystem kannten und dass es eine Hierarchie der Schnüre gab, dass also Subkategorien von Daten auf Schüren notiert wurden, die an anderen befestigt waren, die übergeordnete Informationen trugen. Das Gruppieren von Schnüren, das Knüpfen von Knoten in verschiedenen Richtungen und die Verwendung verschiedener Farben waren einige der Kodierungsmethoden. *Khipus* wurden für Statistiken verwendet, etwa Aufzeichnungen über Alter, Geschlecht und Wollfarbe von Lamaherden oder über Art und Größe von Militäreinheiten. Es gibt auch Hinweise, dass *Khipus* für Erzählungen und Geschichtsschreibung verwendet wurden. Diesbezügliche Forschungen befinden sich aber noch in den Anfängen.

UNTEN
Dieser *Khipu* dürfte besonders wichtige Informationen enthalten haben, zu beurteilen nach seiner Holzhalterung, die relativ selten vorkommt. Die Inkas verwendeten das Dezimalsystem. Die Knotenhäufungen auf verschiedenen Ebenen der Schnüre entsprechen den Stellenwerten in unserem System.

DAS LEBEN UNTER DER INKAHERRSCHAFT

Die Inkas behaupteten, dass sie denen, die sie eroberten, Zivilisation und wahre Religion brachten. Wie die Römer boten sie jenen Frieden und Wohlstand, die ihre Herrschaft freiwillig annahmen. Lokale *Kurakas* (Fürsten) durften an der Macht bleiben, ihr Volk konnte seine eigenen Götter verehren, die auch in den Tempel der Inkahauptstadt Cuzco aufgenommen wurden. Diese lokalen Führer wurden in das Inkasystem integriert und präsentierten sich in feinen Stoffen (dem wertvollsten materiellen Gut) und ließen ihre Kinder in Cuzco nach Art der Inkas erziehen. Alles, was sie dafür tun mussten, war, einen Inka-Sonnentempel zu errichten, Land und Ressourcen für seine Erhaltung zur Verfügung zu stellen, dem Inkastaat Steuern zu zahlen und loyal zum Kaiser zu sein. Diese günstigen Bedingungen und Begünstigungen erleichterten die Kontrolle über widerspenstige *Kurakas*, die sich vom Inkajoch befreien wollten.

Wenn Völker gegen die Eingliederung in das Imperium Widerstand leisteten, oder schlimmer, sich danach erhoben, konnte die Vergeltung schrecklich sein. Inka-Armeen wurden kaum je besiegt, und sobald das strittige Territorium fest in der Hand des Imperiums war, übten die Inkas strenge Kontrolle aus. Auch in ruhigen Gebieten errichteten die Inkas ein hierarchisches System, in dem die Bevölkerung in Einheiten unterteilt war, beginnend mit kleinen Einheiten von zehn Familien. Alle waren unter der Aufsicht kaiserlicher Beamter, die Spione einsetzten und Gesetzesverstöße an Vorgesetzte meldeten. Steuern wurden in Form von Getreide und Tieren, aber auch als Handwerksleitungen und andere Dienste erhoben. Gute Läufer wurden *Chasquis* (siehe oben) und die schönsten Mädchen wurden als *Acllacuna*, »auserwählte Frauen«, in die Dienste der Inkas gepresst, um zu weben, *Chicha*-Bier für Feste zu

UNTEN
Die Inkas schätzten Mais zum Herstellen von *Chicha*. Lebensgroße Wiedergaben von wichtigen Pflanzen und Tieren in Gold und Silber standen im Garten des Coricancha. Vielleicht ist dies ein Fragment dieser sagenhaften Schöpfung.

RECHTS
Gelegentlich opferten die Inkas Kinder, vielleicht um Berggottheiten zu besänftigen. 1999 wurden diese bekleideten Inka-Silberfiguren neben fast perfekt erhaltenen Leichen dreier geopferter Kinder in der Nähe des Gipfels des Llullaillaco in Argentinien gefunden.

brauen und gelegentlich als Geschenke des Kaisers zu dienen. Als die Inkas Chimú eroberten, sollen sie den letzten König Minchançamon zusammen mit den besten Weberinnen seines Reichs von Chan Chan nach Cuzco deportiert haben.

Die widerspenstigsten Gebiete mussten die Deportation der gesamten Bevölkerung in einen anderen Reichsteil erleiden. Diese *Mitimaes* genannten Gruppen wurden in eine fremde Umgebung verpflanzt, umgeben von den dort Ansässigen, denen sie nicht willkommen waren. Die heutigen Salasaca vom südecuadorianischen Hochland sollen als solche *Mitimaes* von den Inkas vom Titicacasee abgesiedelt worden sein. In ihren Webmustern verwenden sie immer noch Motive vom Altiplano.

GRÜNDE DER EROBERUNGEN

Die Gründe der Inka-Expansion sind seit einiger Zeit Diskussionsthema. Ihre Expansion scheint ein weiteres Beispiel des Wechsels zwischen Perioden relativ großer unabhängiger Königreiche und Fürstentümer und dem Entstehen von Eroberungsstaaten im Hochland der Anden zu sein. Der Anthropologe Robert Carneiro weist darauf hin, dass Bevölkerungswachstum und demografischer Druck sich im Hochland schneller als an der Küste bemerkbar machten. Die engen Täler erreichten schneller die Grenzen der Bewässerungsmöglichkeiten und der Intensivierung des Ackerbaus. Der Punkt, an dem eine Gesellschaft entweder erobern oder untergehen musste, wurde früher als in den Küstentälern erreicht, wo es mehr Platz für Wachstum gab. Die Herrscher expandierender Hochlandvölker sahen sich veranlasst, über die hohen Berge zu »springen«, um benachbarte Täler zu erobern, die in einer ähnlicher Situation waren.

Eine andere Erklärung des Inka-Imperialismus stammt von Arthur Demarest und Geoffrey Conrad: Die Inkas erzählten den Spaniern, dass jeder Sapa Inka nach dem Tod mumifiziert und wie ein Lebender behandelt wurde. Er bekam Nahrung, seine reiche Kleidung wurde jeden Tag gewechselt, man sprach mit ihm und fragte ihn um

OBEN
Diese Steinskulptur in Sayhuite stellt eine Miniaturlandschaft mit Häusern, Höfen und anderen Elementen dar. Sie wurde wahrscheinlich für Inkarituale benutzt, bei denen eine geopferte Flüssigkeit durch die Miniaturkanäle rann.

Rat, als ob er leben würde. Sein gesamter Haushalt, genannt *Panaca*, bestehend aus einer großen Zahl von mit ihm verbundenen Menschen, lebte in seinem Palast und auf seinen Gütern weiter. Der nächste König musste einem anderen *Panaca* vorstehen und brauchte dafür neues Land und neue Reichtümer, um sein Prestige zu unterstreichen, sowohl im Leben als auch nach seinem Tod. Das veranlasste jeden neuen Herrscher, neue Territorien zu erobern oder einzugliedern. Da die Inka-Adeligen mit der Zeit alle untereinander durch Heirat verwandt waren, bleibt das Thema, wie neue *Panacas*

LINKS

Die Karte zeigt das Inkareich zur Zeit seiner größten Ausdehnung unter Huayna Capac, der meist von der Stadt Tomebamba (heutiges Cuenca) aus regierte. Das Inkareich war in vier Suyus unterteilt, die von der Hauptstadt Cuzco ausgingen: Chinchasuyu (nordwestlich von Cuzco bis ins heutige Ecuador), Antisuyu (nordöstlich), Cuntisuyu (südwestlich) und Collasuyu (südöstlich bis ins heutige Chile). An der Küste erstreckte sich das Inkagebiet über 5000 km. Im Reich gab es ein dichtes, gut gebautes Straßennetz, das die zentrale Verwaltung und eine effiziente Wirtschaft begünstigte. Die beiden Hauptrouten verliefen parallel in Nord-Süd-Richtung, eine an der Küste, die andere im Landesinneren. Sie waren durch viele Querstraßen verbunden. Das gesamte Straßennetz umfasste mehr als 22500 km, oft in schwierigem Gelände.

gebildet wurden und wie verwandtschaftliche Beziehungen dieses System beeinflussten, noch zu erforschen. Gehörte etwa die Ehefrau zum *Panaca* ihres verstorbenen Mannes oder zu dem seines Nachfolgers, ihres Sohns? Es ist ungewiss, ob die Inkas die Erfinder dieses Systems waren oder ob sie es von den Chimú übernommen hatten, es passt jedenfalls zu den uns bekannten Fakten der faszinierenden Inkareligion, die eng mit dem Staatswesen und dem Imperium selbst verbunden war.

GESTALTER DES KOSMOS

Die Inkas waren Experten darin, ihre Ordnung nicht nur in ihrer Hauptstadt durchzusetzen (siehe Seite 190–193), sondern auch in der »Natur« rings um sie herum. Die Anden haben ihren Namen vom Spanischen *Andenes* (Plattformen, Terrassen), denn Tal für Tal kamen die Eroberer vorbei an erstaunlichen Ackerterrassen, die sich vom Fluss zu den Höhen erhoben. Die Terrassen vergrößerten die Fläche des Kulturlands beträchtlich, und die Inkas sorgten für optimale Bodenzusammensetzung und für effiziente Be- und Entwässerung. Die Inkas brachten die Kunst des Terrassierens zu einem Höhepunkt, und heute liegt die Anbaugrenze oft weit unter den alten Inkaterrassen. Die Terrassen folgten meist dem natürlichen Verlauf des Geländes, was diese künstliche Landschaft irgendwie natürlich erscheinen ließ. Ohne Zweifel wurden viele Terrassen sowohl wegen ihres praktischen Nutzens als auch wegen ihrer ästhetischen Wirkung angelegt, wie zum Beispiel Winay Wayna (siehe Abbildung rechts), Moray und Ollantaytambo (siehe Seite 180) im Urubamba-Tal. Dort, so berichteten die Spanier, waren die Terrassen nicht mit Getreide, sondern mit Blumen bebaut. Wenn das stimmt, muss die optische Wirkung so eines Ziergartens gewaltig gewesen sein.

Die Inkas unterteilten ihr Land in vier Teile oder Provinzen (*Suyu*) von unterschiedlicher Größe, angeordnet um die Hauptstadt Cuzco, was dem Reich den Namen Tawantinsuyu oder »Land der vier Viertel« eintrug. Die vier Viertel wurden als untrennbare Teile eines größeren Ganzen angesehen. In der religiösen Tradition alter Andenkulte sahen die Inkas die Wirklichkeit als Ausdruck eines dynamischen, asymmetrischen Dualismus, in dem leicht unterschiedliche Teile eines Paares eng miteinander verbunden und voneinander abhängig waren. Diese Ideologie drückte sich vielfältig aus, von den Beziehungen zwischen Männern und Frauen bis zu fast (aber nicht ganz) gleich großen *Keros*, die in Staatsritualen zur Besiegelung politischer Allianzen verwendet wurden. Die Zahl der in solchen Beziehungen verbundenen Paare konnte ziemlich groß sein.

GEGENÜBER, OBEN
Die prachtvollen Terrassen von Winay Wayna wurden mit Blick auf ihre ästhetische und landwirtschaftliche Funktion gebaut. Der Ort war eines der vielen kaiserlichen Güter im Inka-Kernland des Urubamba-Tals, wo auch Cuzco und Machu Picchu liegen.

GEGENÜBER, UNTEN
Die konzentrischen Terrassen von Moray, einer Kultstätte nahe Cuzco, folgen dem typischen Inkamuster, der Landschaft Ordnung aufzuerlegen und gleichzeitig die natürlichen Konturen zu respektieren.

CUZCO: NABEL DES KOSMOS

Die prächtigste Manifestation der dualistischen Inka-Ideologie findet sich in ihrer Hauptstadt Cuzco, dem Nabel des Imperiums und der Welt. Im Zentrum von Cuzco gab es einen zweigeteilten Platz: Der größere Teil war Huacapayta, der Platz von Hanan (Ober-)Cuzco, der kleinere Cusipayta von Hurin (Unter-)Cuzco. Die Teilung der Stadt in Hanan Cuzco und Hurin Cuzco folgte der Topografie des abfallenden Talbodens. Auf dem Platz – der vor der Eroberungszeit viel größer war als heute – stand ein Altar-Thron, der vermutlich einen Berg symbolisierte, auf dem der Monarch die heiligsten Riten vollführte. Daneben gab es ein mit einem unterirdischen Kanal verbundenes Loch, in das die großen Mengen geopferten *Chichas* gegossen wurden. Der Boden des Platzes war mit Sand von den fernen Stränden bedeckt, die

LINKS
Der Eingang zur Festungsanlage von Sacsahuaman, dem »Pumakopf« von Cuzco (siehe gegenüber). Die Zitadelle schützte die Inkahauptstadt auf dem flachen Plateau, ihrer einzigen verwundbaren Flanke. Die Arbeiten wurden unter Pachacuti begonnen, der Cuzco wieder aufbaute. Die unregelmäßigen Steinblöcke der Mauer sind typisch für das polygonale Steinwerk, das die Inkas für große Bauten verwendeten.

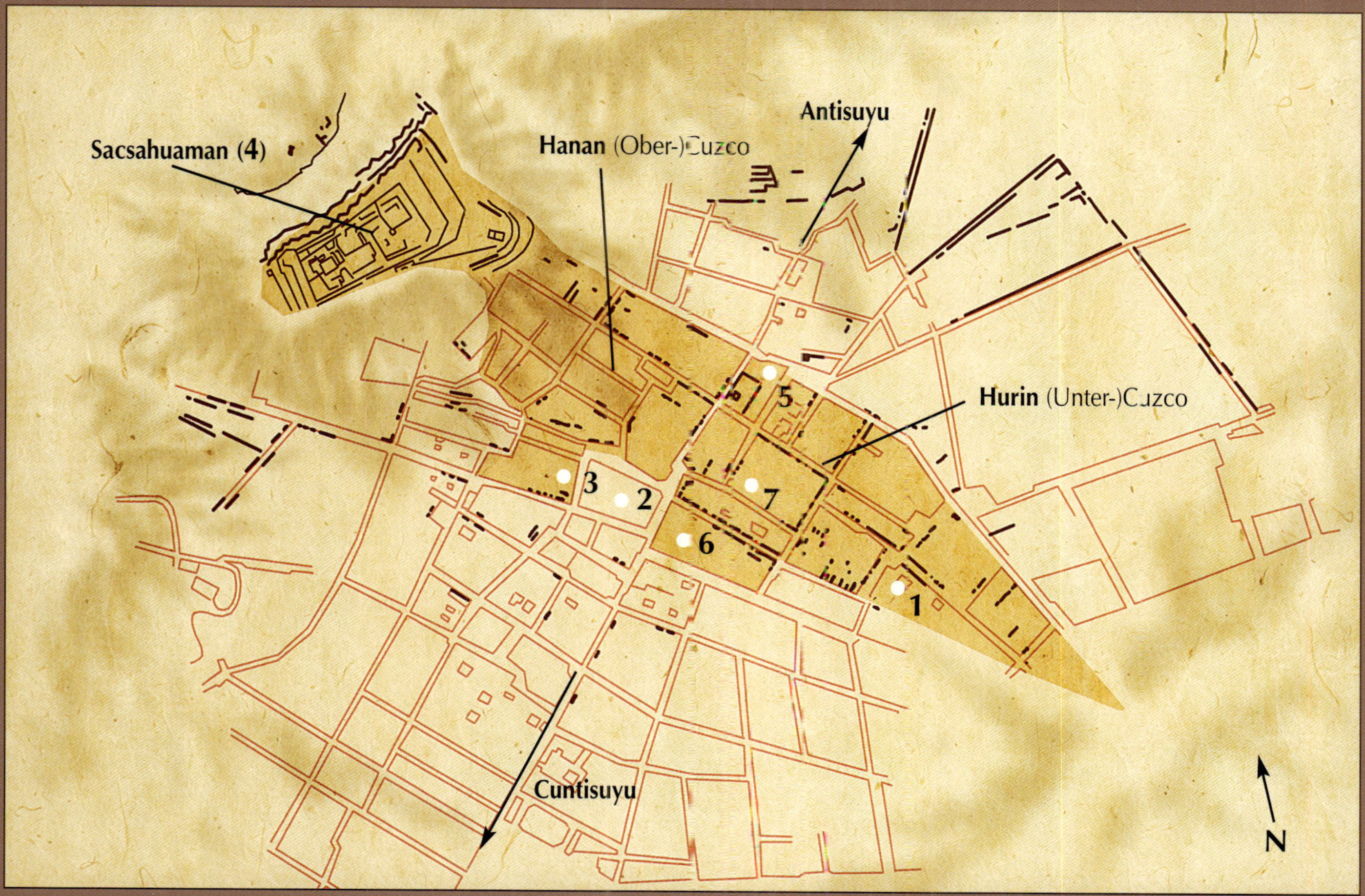

OBEN

Ein Plan von Cuzco. 41 *Ceques* (unsichtbare heilige Kraftlinien) gingen vom Coricancha (1) aus. Am Huacapayta, dem großen Platz (2), war der Palast Pachacutis (3). Mitte des 15. Jahrhunderts legte er einen Sumpf trocken, um Hanan (Ober-)Cuzco zu gründen, und begann mit den Arbeiten in Sacsahuaman (4). In Hurin (Unter-)Cuzco standen die Paläste von Inca Roca, Huayna Capac und Tupa Inca Yupanqui (5, 6, 7). Die um zwei, heute überbaute Flüsse angelegten Innenbezirke hatten angeblich die Form eines Pumas (oben nachgezeichnet), dessen Kopf Sacsahuaman ist.

wichtigsten geografischen Komponenten des Imperiums – von der Küste bis zu den Bergen – waren also symbolisch vertreten.

Von dem Platz gingen die vier Hauptstraßen und Achsen des Imperiums aus, die das Reich in vier Teile teilten: Antisuyu (Nordost), Collasuyu (Südost), Cuntisuyu (Südwest) und Chinchasuyu (Nordwest), benannt nach der jeweils bedeutendsten kulturellen Gruppe der Region. Diese Straßen folgten nicht den Haupt-, sondern den Nebenhimmelsrichtungen. Am Höhepunkt des Imperiums gab es zwei große Provinzen, Collasuyu und Chinchasuyu und zwei kleinere, vielleicht neuerlich ein Ausdruck der Idee ungleicher Paare in der Hauptstadt selbst. Die Ausrichtung bezog auch die wechselnde Position der Milchstraße am südamerikanischen Nachthimmel mit ein. Der Ethnologe Gary Urton hat das heutige Quechua-Konzept dieses »Himmelsflusses«, dessen Ausrichtung sich im Verlauf des Jahres von Nordost-Südwest nach Nordwest-Südost verschiebt, dokumentiert. Die Inkas, die Vorfahren der heute Quechua-Sprechenden, waren sich dieser Verschiebung wohl bewusst und verbanden Himmelsphänomene mit ihrem irdischen Reich. Sie vertieften die Beziehungen zwischen Natur und Kultur aber auf noch ausgefeiltere Weise.

VORHERGENDE SEITEN
Die massiven dreischichtigen Verteidigungsmauern Sacsahuamans wurden aus riesigen gebrochenen und zugerichteten Gesteinsbrocken gebaut. Die Mauern wurden im Zick-Zack gebaut, um Gelegenheit für Kreuzfeuer zu schaffen. 1534 trafen Inkas und Spanier hier in der Entscheidungsschlacht um Cuzco aufeinander.

OBEN
Der typische Inka-Zinn-Bronze-Kopf stellt einen Puma oder ein verwandtes Tier dar, er war vermutlich das Ende eines Amtsstabes. Der Puma war das prestigeträchtige königlich-aristokratische Emblem – und natürlich wurde das Tier mit der Stadt Cuzco identifiziert.

DER GOLDTEMPEL

Ein anderer Brennpunkt Cuzcos war der Coricancha, das »Goldene Haus«, der heiligste Tempel des Reiches, ein Schrein zur Verehrung der Sonne und der Ort des sagenhaften Gartens, in dem ein Mann, eine Frau, Tiere und Pflanzen ganz aus Gold und Silber aufgestellt waren. 41 gedachte Linien, die *Ceques*, gingen von dem Tempel aus, sie verliefen durch 328 *Huacas* (heilige Orte wie Höhlen, Felsen und Quellen), Säulen und andere markante Punkte der Landschaft, etwa wichtige Knotenpunkte von Bewässerungskanälen. Spanische Chronisten berichteten detailliert über die Punkte an den *Ceque*-Linien, die sich theoretisch unendlich weit erstreckten. Der Archäologe Brian Bauer wies nach, dass die *Ceques* nicht wirklich gerade Linien sind, wenn man alle *Huacas* damit verbindet. Wahrscheinlich wurden einige neue Punkte dem System hinzugefügt, sodass die Linien manchmal von ihrer ursprünglichen Richtung abwichen.

Die *Ceque*-Linien dürften Teil der Organisation der vier Viertel gewesen sein und waren nach dem Mondkalender ausgerichtet. Die Debatte und die Erforschung von Details der Organisation und des Funktionierens der *Ceques* ist noch im Gange, doch ist klar, dass die Rituale an den vielen hundert Orten an den Linien im Verlauf des Jahres einander folgten, entsprechen dem Verlauf des Schatten des Zeigers einer Sonnenuhr. Die Kalenderkomponente war also Teil des Systems. Man weiß auch, dass die Eingliederung von *Huacas* in einen *Ceque* die Menschen, für die diese Orte von Bedeutung waren, in den größeren Plan des Inkareichs integrierte, mit dem Geschichte, Religion, Erde, Himmel, Zeit und Raum in ein einziges kosmologisches System gebracht wurden.

Cuzco war nicht bloß eine gewöhnliche Stadt, es war ein heiliger Ort. Kaiser, Priester, Handwerker, Gefolge und Abordnungen lebten hier. Im Lauf der Zeit bauten verschiedene Kaiser ihre eigenen Paläste und Tempel. Trotz schwerer Zerstörungen durch Zeit und Kriege sind viele der ursprünglichen Gebäude noch erhalten, und das

OBEN

Der so genannte »Sitz der Inkas« in Sacsahuaman verkörpert mit scharf begrenzten Plattformen, die aus dem natürlichen Felsen ragen, Ideale und Ideologie der Inkas in Stein. Die genaue Bestimmung dieses Objekts ist unbekannt.

Straßennetz des Zentrums hat sich seit der Inkazeit kaum verändert. So wie New York der »Big Apple« ist, war Cuzco unter anderem der »Große Puma«, dessen »Kopf« die Tempelfestung Sacsahuaman hoch über der Stadt auf einem für die Verteidigung wichtigen Plateau war. Ein Bezirk am unteren Ende der Stadt, wo zwei kanalisierte Flüsse zusammentreffen, heißt heute noch Pumachupan, »Pumaschwanz«. Das war ein weiterer Kraftpunkt, denn das war ein *Tinkuy* – ein Ort, an dem sich zwei Dinge vereinen. Die Straßen des Stadtzentrums waren nach Berichten spanischer Chronisten in Form eines Pumakörpers angelegt (siehe Diagramm Seite 191), für einen heutigen Betrachter vielleicht etwas weit hergeholt.

Die Stadt war mit den feinsten Steinmetzarbeiten verziert. Steinmetze waren Meister ihrer Kunst, sie konnten Stein in vielfältiger Weise behauen, von scheinbar »rohen«, rauen Blöcken, die in Wahrheit ganz genau zusammenpassten, zu perfekten, rechteckigen Blöcken, die ohne Mörtel so eng gelegt wurden, dass man nicht einmal eine Messerklinge dazwischen einführen kann. Viele Beispiele sind noch heute zu sehen (siehe Abbildungen Seite 172, 175, 190 und 192–193).

GESTALTUNG DER NATUR

INKA-KUNST UND ÄSTHETIK

GEGENÜBER
Die Inka-Weber waren genau so geschickt wie andere in den Anden, wie diese schöne Tasche beweist. Im Hochlandklima blieben Stoffe nicht gut erhalten, die meisten Funde stammen von der Küste oder waren in großen Höhen eingefroren.

Ein bewusstes Verwischen der Grenzen zwischen dem, was wir als »natürlich« und »kulturell« bezeichnen würden, ist einer der Schlüssel zur Ästhetik und zur Staatskunst der Inkas. An vielen Orten scheinen geometrische Formen aus rauen Naturformationen zu entspringen oder sich mit ihnen zu verbinden. In Qenqo, einem bedeutenden Schrein auf eine Ceque-Linie nahe Cuzco, wurde etwa eine Felsterrasse rund um einen großen natürlichen Monolithen errichtet, der einem Puma ähnelt. In die Oberfläche eines größeren Felsens dahinter wurden verschlungene, stilisierte Tier- und Pflanzenmotive und Stadtbilder gehauen, ohne die Form des Felsens wesentlich zu verändern. Ähnlich behauene Steinblöcke wurden auch andernorts gefunden (siehe Abbildung Seite 186). Die für die Verteidigung günstige Zick-Zack-Form der Mauern

RECHTS
Drei Goldfiguren, zwei weibliche und eine männliche. Solche Figuren verwendete man bei Begräbnissen, sie waren aus Gold, Silber und Spondylusmuscheln, drei wertvollen Materialien der Inkas.

RECHTS

Diese Goldfigur weicht von der Inka-Standardform ab, vielleicht diente sie verschiedenen Zwecken. Den Inkas war das Wesen des Materials wichtiger als seine Darbietung. Es mit Farbe zu bedecken war durchaus akzeptabel. Das Objekt wurde dadurch nur bereichert.

UNTEN
Eine Terrakottavase in Fischform aus der späten Inkazeit. Sie kann durch bestimmte ikonografische Attribute identifiziert werden, etwa den Hals der Vase und die Fischschuppendekoration. Durch das Straßennetz der Inkas konnten die Bewohner von Cuzco frischen Fisch essen.

von Sacsahuaman spiegelt zugleich die Hügelkette dahinter wider. Das Interesse am Spiel mit natürlichen Formen war Ausdruck eines Imperiums, das sich, obwohl es ganz das Werk der politischen Ambitionen der Fürsten von Cuzco war, gerne als unvermeidlich natürlichen Seinszustand präsentierte. Die meisterliche Beherrschung dieser Kunst zeigt sich in ihrem größten Heiligtum, dem Coricancha in Cuzco, nicht nur im goldenen Garten (siehe Seite 184 und 194), sondern auch in einer Reihe von Goldstatuen in Menschengestalt, die die verschiedenen Stadien der Sonne darstellen – vom frühen Morgen über Mittag bis Sonnenuntergang –, die manche als Stadien des Menschenlebens (Kind, Erwachsener, Alter) interpretieren. Die Inkas kannten realistische Darstellungen von Lebewesen und Pflanzen aus kostbaren Materialien (siehe zum Beispiel die Abbildungen Seite 178, 184 und 202), wählten aber auch reichlich abstrakte Formen für viele ihrer Kunstwerke.

In Fortsetzung von Tendenzen der Späten Zwischenzeit stellten die Inkas Keramik als Massenware her, etwa *Urupus*, standardisierte *Chicha*-Vorratsbehälter. Die besten sind schön gemacht und meist mit einfachen, gut ausgeführten Motiven dekoriert.

Die Metallverarbeitung ging über Gold und Silber hinaus und umfasste auch umfangreiche Produktion von Gebrauchsgegenständen aus Bronze, darunter Pinzetten, Perlen und Werkzeuge. In der späten Inkazeit dürften diese über eine kleinen Elite hinaus verbreitet gewesen sein, man weiß aber nicht, wie allgemein das war.

Spondylusmuscheln behielten ihren sakralen Wert, Lapislazuli wurde aus dem fernen Chile importiert und tropische Vogelfedern aus den warmen Ländern unter dem Inka-Hochland. Das Wertvollste aber waren Stoffe. Die besten Textilien hießen *Qompi*, die aus fein gesponnenem Kamelidengarn für den Bedarf des Königs und der Religion von den *Acllacunas*, den »auserwählten Frauen« des Kaisers, gewebt wurden. *Qompi* erreichte die unglaubliche Zahl von mehreren hundert Fäden pro Zentimeter. Auch andere Stoffe wie Federmäntel oder mit Metallplättchen verzierte Tuniken standen hoch im Kurs, und Atahualpa, der letzte Inkakaiser, soll ein aus Fledermaushaar gewebtes Gewand besessen haben.

Regierungsbeamte trugen Gewänder in charakteristischen Farben und Schnitten. Wir wissen aus verschiedenen Quellen, dass quadratische Muster (*Tocapu*) die Tuniken verschiedener Beamtenränge zierten und der Unterscheidung ihrer Funktion dienten.

OBEN

Ein einfaches, aber wertvolles Halsband aus Spondylusmuscheln fand man bei der Leiche eines auf dem Berg Llullailaco geopferten Inka-Jungen (siehe Seite 185).

GEGENÜBER

Eine *Tocapu*-Tunika. Militärtuniken mit Miniatur-Schachbrettmuster und roten Latzen sind über den gesamten Stoff verteilt, ähnlich dem Motiv auf Seite 182. Eine ganz mit *Tocapus* bedeckte Tunika weist auf ein königliches Gewand. Niedrigere Ränge trugen Tuniken mit nur wenigen Musterbändern.

OBEN
Fantasietrinkgefäße, genannt *Paccha*, waren in der späten Inkazeit und der Kolonialzeit beliebt. Dieses hier in Form eines Gürteltiers zeugt von der Faszination der Inkas für Menschen und Kreaturen der dichten geheimnisvollen Tropenregionen, denen man große spirituelle Kraft zusprach.

Man weist oft darauf hin, dass *Tocapu*-Muster wenig Ähnlichkeit mit Motiven früherer Kulturen haben, als ob damit betont werden sollte, dass die Beherrschung der Anden durch die Inkas beispiellos war. In der frühen Kolonialzeit stellte Guamán Poma de Ayala Inkaherrscher mit ganz mit *Tocapu* bedeckten Tuniken dar (siehe Seite 200). *Tocapu* findet man auch auf anderen Medien, darunter Gebäude und *Keros*, sie waren vielleicht eine Art hieroglyphisches Zeichensystem. Jedenfalls waren *Tocapus* ein Hilfsmittel der Inkaverwaltung und Bürokratie, zusammen mit dem Heer, den Straßen, *Khipus* und dem Steuersystem.

Die Inkas schufen ein Imperium und erhielten es hundert Jahre lang mit großem Geschick, bis sie auf eine Herausforderung trafen, die sie nicht hatten vorhersehen können – eine buchstäblich von jenseits ihrer Welt kommende Gefahr. Der persönlichen Begegnung mit den europäischen Eroberern ging eine verheerende

Pockenepidemie voraus, eine jener Krankheiten, die von Europa nach Amerika eingeschleppt wurden und gegen die die Andenvölker und die anderen Ureinwohner kaum Abwehrstoffe besaßen. Das Ergebnis war eine Katastrophe für die Inkas, deren Imperium rasch zusammenbrach. Vielleicht hatte es ohnehin schon seine Grenzen erreicht, bedenkt man die Mittel und Methoden seiner Verwaltung, und wäre auch ohne die doppelte Katastrophe von Seuche und Eroberung bald zerfallen. Die Antwort darauf werden wir nie erfahren. Sicher ist, dass im folgenden Jahrhundert Völker und Kulturen Perus für immer grundlegend verändert wurden.

UNTEN
Ein prächtiger *Paccha* der Inkazeit oder frühen Kolonialzeit. Die Flüssigkeit wurde in die Schale am Ende des Gefäßes geleert und floss durch die Tiere und den gewundenen Kanal zum Mund des Trinkers. Der Stiel ist mit Cantata, der königlichen Blume der Inkas, bemalt.

LINKS
Tambo Colorado war ein Inka-Verwaltungszentrum im unteren Pisco-Tal an der Südküste. Als Zwischenstation (*Tambo*) zur Kontrolle der Verbindung zwischen Küste und Hochland war es ganz aus Adoben gebaut und weist alle Merkmale der Inka-Architektur auf. Dazu gehören trapezförmige Öffnungen und Nischen, Gebäude aus um einen Innenhof angeordneten Räumen, die selbst einen trapezförmigen, zentralen Platz umgeben. Der Ort erhielt seinen Namen (›Rote Zwischenstation‹) von seinen rot bemalten Adobenmauern.

Kapitel 7

DIE WELT WIRD AUF DEN KOPF GESTELLT

NACHWORT: DIE EROBERUNG UND DANACH

LINKS
Dieses Detail eines bemalten Holz-*Keros* der Kolonialzeit stellt einen Inka mit einer gefangenen Frau dar. In der Kolonialzeit feierte die Kunst der Ureinwohner oft die glorreiche Vergangenheit des Inkareiches und suchte zugleich Wege, sich an die neuen sozialen und politischen Verhältnisse anzupassen.

ADLER UND KONDOR

DER ZUSAMMENBRUCH DER INKA-WELT

In seiner Sänfte sitzend blickte der Sapa Inca Huayna Capac über die smaragdgrünen Ackerterrassen im nördlichen Chinchasuyu und sah vieles, was ihm gefiel. Sein Urgroßvater Pachacuti hatte das Inkareich gegründet, und die nachfolgenden Herrscher hatten es ausgedehnt. Huayna Capac selbst hatte die fernen Territorien im Norden erobert, seine Lieblingsländer. Hier, im heutigen Ecuador, ließ er den Palast Tumibamba erbauen und zeugte viele tapfere Söhne mit den Mädchen, die er zu seinen Frauen gemacht hatte. Weit unter dem Kaiser erscheinen die Arbeiter auf den Terrassenfeldern winzig, wie die Flöhe, die die Ärmsten seiner Untertanen von ihren Köpfen fingen, um sie den kaiserlichen Steuereintreibern zu geben – denn alle mussten dem Inka, der dem Land Frieden und Wohlstand gebracht hatte, etwas geben, und sei es noch so klein. Die vier

RECHTS
Manco Capac Inca, der mythische Gründer der Inka-Dynastie wird auf diesem Gemälde der Cuzco-Schule aus dem 18. Jh. als Sohn der Sonne dargestellt. Der Stil ist eine der bedeutenden Errungenschaften der frühen Kolonialkunst.

Provinzen des Inkareichs hatten sich in bloß hundert Jahren so weit ausgedehnt. Wie weit würde sich das Reich in den kommenden Jahren noch ausbreiten?

Etwa zur gleichen Zeit, berichteten später spanische Chronisten, trugen sich seltsame Ereignisse im Inkareich zu. Ein Adler attackierte einen Kondor. Rotes Licht in der Farbe des Bluts umrundete den Mond. Ein Komet – traditionell ein böses Omen – leuchtete hell. Und Huayna Capac träumte, dass drei Zwerge sein Zimmer betraten. Diese Zeichen galten als Unheil bringend. Es war das Jahr 1529.

In Panama, das Huayna Capac näher war als das Südende seines Imperiums, war bereits ein Plan zur Eroberung der Schätze Perus vorbereitet. Francisco Pizarro war als junger Mann von Spanien in die Neue Welt gekommen. Der Analphabet und seine vier Halbbrüder waren ebenso arrogant wie arm, aber auch schrecklich ehrgeizig. Pizarro war an der Meerenge durch Handel mit Vieh und Sklaven reich geworden. Er wusste auch aus den Erzählungen über Hernan Cortés in Mexiko, wie man ein Reich erobert: Finde Übersetzer, suche verbündete Indianer und nimm den König gefangen. Im November 1524 formierten Pizarro und sein Partner Diego de Almagro eine

OBEN
Die Türme der Kathedrale von Cuzco, links, und die Jesuitenkirche im Licht der Nachmittagssonne dominieren den Hauptplatz von Cuzco, der früheren Inkahauptstadt. Der Grundstein der Kathedrale wurde 1559 gelegt, der Bau wurde aber erst 1669 vollendet. Sie steht an der Stelle des Inkapalasts, und viele Steine kamen vom Sacsahuaman. Beide Kirchen sind Beispiele des spanischen Kolonialbarocks.

OBEN
Ausgerollte Wiedergabe einer *Kero*-Dekoration mit Darstellung von Inka-Truppen, die mit Streitäxten mit Steinspitzen gegen die Spanier kämpfen. Ein neuer Inkastaat im Tropenwald bei Cuzco leistete bis etwa 1570 Widerstand.

Expedition, die sich auf eine zwei Jahre dauernde Schiffsreise machte, 1526 die Gegend der heutigen Grenze zwischen Peru und Ecuador erreichte und zwei Indianer gefangen nahm, um sie als Übersetzer auszubilden. Weitere sechs Jahre vergingen mit Vorbereitungen zur Eroberung, die Ende 1532 begann.

DIE WELT WIRD AUF DEN KOPF GESTELLT

In den Monaten nach den Überlegungen Huayna Capacs in Tumibamba wurde sein Land von einer so verheerenden Seuche heimgesucht, dass die Todesrate in manchen Gegenden bei 80 Prozent lag. Man meint, dass es sich dabei um die Pocken handelte, die schneller

durch Amerika reisten als die Europäer, die sie fast vier Jahrzehnte davor in die Neue Welt gebracht hatten. Die Pandemie hatte nachhaltig destabilisierende Auswirkungen auf die Inka-Gesellschaft. Die Seuche löschte nicht nur einen Großteil der Bevölkerung aus, sie beeinträchtigte auch die Nachfolge des Königs, da vermutlich 1530 Huayna Capac und sein Sohn starben. Das Inkareich geriet in einen Bürgerkrieg zwischen Huascar von der südlichen Cuzco-Partei und Atahualpa aus Ecuador. Atahualpa erlangte die Oberhand, als 1532 Pizarro und seine Söldner ankamen und sich in die Auseinandersetzung einmischten.

Atahualpa zog nach Cajamarca, einer noch heute wegen ihrer Heilbäder berühmten Stadt, doch die Spanier kamen ihm zuvor und lauerten dem neuen Sapa Inca auf. Sie

OBEN
Fein gewebte *Uncus* (Tuniken) im Inka-Stil wurden auch in der Kolonialzeit hergestellt und getragen, oft bei christlichen Festen wie Fronleichnam. Die Kombination roter und blauer Stoffe mit einer stufenförmigen Passe war seit der Kaiserzeit ein Herrschaftssymbol.

RECHTS
Kolorierter Stich der Inkahauptstadt Cuzco aus 1594 von Georgius Braun. Die Darstellung – gemacht von jemandem, der nie in Südamerika war – ist typisch für die idealisierte und romantisierende Sicht der Neuen Welt durch manche Europäer.

GEGENÜBER
Der Berg Potosí in Peru wird auf diesem Gemälde des 18. Jh. als Vereinigung der Jungfrau Maria und der präkolumbischen Gottheit Pachamama (Erdmutter) dargestellt. Die Vermischung lokaler und fremder Symbole wurde in einer Region toleriert, in der die Spanier mit den Silberminen, in denen viele Ureinwohner ihr Leben verloren, ein Vermögen machten.

nahmen ihn auf dem Hauptplatz der Stadt gefangen und verlangten hohes Lösegeld in Gold und Silber für seine Freilassung. 1533 oder 1534 töteten sie ihn dennoch. Die schon durch den Bürgerkrieg gespaltenen Inkas stellten sich teils an die Seite der Spanier, teils gegen sie. Viele unterworfene Völker des Imperiums schlossen sich bereitwillig dem Kampf gegen die Inkatyrannei an. 1534 fiel Cuzco, das war das Ende des Inkareichs.

Dennoch ging die spanische Eroberung Perus nicht so schnell vor sich, wie man annimmt. Viele Schlachten wurden geschlagen, auch zwischen den Truppen Pizarros und Almagros, die sich um die Eroberung stritten. Der Erfolg der Spanier ist weniger Rüstung, Schwertern und Kanonen zuzuschreiben als Krankheit und Uneinigkeit unter den Urein-

wohnern. Obwohl die ersten Konquistadoren nur ganz wenige waren, waren sie die Speerspitze hunderter Europäer, die sie bald verstärkten – eine Überlegung, die die Bewohner des Inkareichs nicht anstellten, sie waren vor allem mit lokalen Angelegenheiten beschäftigt. Der Widerstand der Ureinwohner ging noch jahrzehntelang weiter, im 18. Jahrhundert gab es größere Aufstände und noch im 20. Jahrhundert riefen einige Rebellen nach der Wiedererrichtung des Inkareichs. Doch das passierte nicht. Ein Pachacuti war im Gange – eine große Umwälzung einer alten Welt – und nur wenige von denen, die im 16. Jahrhundert in die Kämpfe in den Anden verwickelt waren, wussten, was kommen würde.

SCHÖNE NEUE WELT

Die Wirren der frühen Kolonialzeit waren für die Ureinwohner im Allgemeinen eine Katastrophe, für einzelne Gruppen aber auch eine Chance. Die spanischen Kolonisten, die buchstäblich in Lumpen daherkamen, rafften große Reichtümer zusammen – und verloren sie manchmal wieder: Ein Konquistador erhielt die große goldene Sonnenscheibe, die im Coricancha hing, als Lohn, verspielte sie aber bei einem nächtlichen Kartenspiel, daher der Spruch »Die Sonne vor dem Morgen verspielen«. Inkaprinzen fanden sich wenige Jahre nach der Eroberung als Straßenfeger, während Verbündete der Spanier wie die Cañari in Ecuador mit Land und Privilegien belohnt wurden.

Die Spanier brachten neue Technologien und viele neue Tiere wie Pferde, Rinder, Ziegen, aber auch Pflanzen wie Weizen und Gerste. Bald aber aßen sie auch Kartoffeln und »Indisches Korn« oder Mais. Die Eroberer versuchten natürlich, ihre eigenen Gesetze, Bräuche und Religion einzuführen, doch die Ureinwohner nahmen sie nicht einfach an. Sie lernten bald für ihre Rechte vor spanischen Gerichten zu kämpfen, manchmal sogar erfolgreich. Sie waren sehr selektiv bei der Übernahme von Bräuchen und behielten möglichst viel von ihren eigenen. Die Andenvölker waren an fremde Götter gewöhnt, die man ihnen aufzwang – die Inkas hatten wie die Spanier ihren Untertanen ihre Götter mit Gewalt aufgezwungen. Die Andenvölker nahmen

den Katholizismus an und interpretierten ihn nach ihren eigenen Vorstellungen, sodass ein eigener »Anden-Katholizismus« entstand, der viele traditionelle Praktiken bewahrte. Statt einfach vor den europäischen Methoden und Ideen zu kapitulieren, nahmen die Andenvölker einige Dinge an und vermischten sie mit anderen.

In den Jahrhunderten seit der Ankunft der Spanier sind Peru und die anderen Andenländer von zwei verschiedenen Kulturen bestimmt, einer europäischen und einer amerikanischen. Erstere unterdrückte meist die letztere. In letzter Zeit aber gewinnt das prähistorische und präkolumbische Erbe dieser Länder neues Ansehen. Immer mehr Menschen werden sich bewusst, dass – von den Hochebenen und eisigen Bergtälern bis zur kahlen Wüste der Küstentäler – die alten Anden mit harten Bedingungen fertig geworden waren und dabei nicht bloß überlebt hatten, sondern eine der großen Weltkulturen begründet hatten. Diese Tradition brachte spektakuläre Ingenieurleistungen und berühmte Kunstwerke hervor, von denen viele noch heute erhalten sind und von heutigen und künftigen Generationen bewundert werden können. Mit ihrer Zähigkeit und Kreativität stellen die Andenvölker selbst den größten Schatz dieser Region dar.

OBEN
Wer durch diesen Torbogen auf der Insel Taquile im Titicacasee schreitet, geht unter dem Kreuz und den Blicken in Stein gemeißelter lokaler Würdenträger durch. Die Spanier waren entschlossen, ihre neuen Untertanen in Schach zu halten. Dennoch überlebten die Völker und die Kultur der Ureinwohner bis in die Gegenwart.

GLOSSAR

Anmerkung: In den präkolumbischen Anden gab es keine Schrift. die heutige Schreibweise ist daher nicht einheitlich; einige Varianten werden bei größeren Abweichungen (in Klammern) angegeben. Quechua und Aymara sind die heutigen Hauptsprachen der Zentralanden. die Forscher sprechen heute eher von Inka als von Quechua. Aus der Zeit vor den Entdeckungen kennen wir kaum Ausdrücke, im 16. Jh. waren die Inkas die Herren der Zentralanden, die Begriffe sind daher – sofern nicht eigens angegeben – in Quechua. Manchmal sind Singular und Plural (pl.) identisch, manche Forscher hängen aber auch ein »s« an: Inka(s), Khipu(s).

Aclla *(pl. Acllacuna)* »Auserwählte Frau«, von königlichen Beamten zu einem Leben in Keuschheit und im Dienst des Staates bestimmt, vor allem im Tempeldienst, zur Bereitung eines Festmahls oder von *Chicha* und *Qompi* und als Braut für politische Zwecke der Inkas. Sie lebten in isolierten Gebäuden, den *Acllahuasi*. Eine hochrangige *Aclla* nannte man *Mamacona*.

Altiplano Spanisch für »Hochebene« – ein Hochplateau; In Südamerika ist damit fast immer der Altiplano von Bolivien gemeint.

Andene Spanisch für »Plattform« oder »Terrasse«, wegen deren großen Zahl die Spanier die Hügel so nannten; später wurde daraus »Anden«, der heutige Name der Gebirgskette.

Apu Die Berge und die Berggottheiten der Ahnen.

Audiencia Spanisch für »Gerichtshof«, die Bezeichnung der U-förmigen Audienzhallen der Verwaltungszentren von Chimú, besonders in Chan Chan.

Ayllu Heute eine Reihe nicht verwandter Familien, die in einem bestimmten Gebiet gemeinsamen Regeln und Anführern folgen. Zusammensetzung und Wesen alter *Ayllus* sind unbekannt, folgten vermutlich ähnlichen Mustern.

Ceque Von Cuzco ausgehende unsichtbare sakrale Kraftlinie, an der die *Huacas* liegen.

Chasquis *(Caski)* Laufboten der Inkas, die in Staffeln entlang der Inkastraßen liefen und die nach verschiedenen Quellen in Hütten *(C'oklya)* im Abstand von 1,2 bis 2,5 km untergebracht waren.

Chicha Spanischer Ausdruck aus Mittelamerika für gebraute Getränke der Urbevölkerung.
Chicha heißt auf Quechua *Aqha*, es wurde aus verschiedenen Zutaten, vor allem aus Mais hergestellt.

Chullpa Runde oder eckige Grabtürme der Vorinkazeit, oft aus feiner Steinmetzarbeit.

Huaca Ein heiliges Ding, meist als Bezeichnung eines bestimmten Platzes, oft einer alten Ruine oder allgemein eines »Grabhügels« verwendet. Als *Huaco* bezeichnete man gelegentlich ein altes Keramikgefäß.

Huari Die Stadt, aus der die als Wari bekannt Kultur hervorging.

Inka Auch *Inca* geschrieben, ist der ethnische Name eines Volks aus der Region Cuzco. Der *Sapa Inka* war der Monarch, seine Hauptfrau nannte man *Coya (Qoya)*.

Inti Der Sonnengott, der als göttlicher Ahnherr der Inkadynastie galt. Spezifische Manifestationen und Darstellungen der Sonne hatten eigene Namen: »Sonnenfürst«, »Sonnensohn«, »Bruder Sonne«.

Kallanka Große Inkahalle mit Giebel, länger als breit, an einer Längsseite meist viele offene Eingänge. Verwendet als Audienzraum, für Ratsversammlungen, vorübergehende Unterkünfte und für Feste bei Schlechtwetter.

Kameliden In Amerika gebräuchlicher Überbegriff für Lamas. Alpakas Vicuñas und Guanacos.

Kero *(Quero)* Ein becherförmiges *Chicha*-Trinkgefäß. Der Begriff wird auf alle so geformten Gefäße angewandt, die oft als Paare hergestellt wurden. *Keros* sind aus Holz. Versionen in Gold und Silber nennt man *Aquilla*.

Khipu *(Quipu)* Von Inka-Archivaren *(Khipukamayo)* hergestellte Knotenschnüre. Die Knotenart und ihre Anordnung auf einer Haupt- oder Nebenschnur gibt einen numerischen Wert in einem Dezimalsystem an. Sie dienten der Buchhaltung und Erzählungen.

Kuraka *(Koraka, Curaca)* Ausdruck für »Beamter«, den die Spanier für Regierungsbeamte und Anführer der Urbevölkerung verwendeten. Häuptlinge bezeichnete man manchmal mit dem karibischen Ausdruck *Cacique*, Inkabeamte nannte man *Orejones* oder »Großohren« (Höherrangige trugen größere Ohrringe).

Loma Spanisch für »kleiner Hügel«, in Peru Ausdruck für die Nebelvegetation und die damit bedeckten Hügel, besonders an der Zentralküste.

Mitimaes Von den Inkas mit Zwang umgesiedelte Bevölkerungsgruppen, meist weil sie gegen die Eroberung Widerstand leisteten oder Aufstände machten.

Naipes Das spanische Wort für »Spielkarten« wurde von den Spaniern für dünne, flache Kupferobjekte gebraucht, die bei den späten prähistorischen Kulturen der Nordküste Perus eine Vorstufe der Münzen darstellten.

Nasca Eine Kultur mit Zentrum im Nazca-Tal.

Pachamama »Erdmutter«, die Inka-Erdgöttin.

Panaca Königlicher *Ayllu*. Panacas pflegten die Mumie und den Kult des verstorbenen Sapa Inkas, verwalteten seinen Besitz und lebten davon.

Qompi *(Cumpi)* Feinster Inka-Stoff, gewebt aus bester Wolle von den *Acllacunas* für den Bedarf der Königsfamilie. Beidseitig verwendbar und gefärbt. Ein *Qompi*-Gewand als Geschenk des Inkas war eine große Ehre.

Quechua »Bewohner des warmen Tales«, die Nachbarn der Inkas, sprachen dieselbe Sprache. Als sie von den *Chanka*, den Feinden der Inkas, besiegt wurden, wurden die *Quechua* »Ehren-Inkas«.

Suyu Eine Provinz des Inkareichs.

Tambo *(Tampo)* Anlage von Vorratslagern und Unterkünften, erbaut von den Inkas zur Versorgung der in staatlichem Auftrag Reisenden.

Tiwanaku *(Tiahuanaco)* Große Stadt des Mittleren Horizonts nahe dem Titicacasee.

Tumi Zeremonienmesser mit halbkreisförmiger Klinge, typisch für die Sicán- und Lambayeque-Kultur.

Uncu Inka-Männertunika. Meist ein rechteckiger Stoff, gefaltet und an den Seiten zusammengenäht, mit Öffnungen für Arme und Hals. Der *Poncho* ist ein Gewand aus der Zeit nach der Eroberung.

BIBLIOGRAPHIE

ALLGEMEINE LITERATUR

Berrin, Kathleen. (ed.) *The Spirit of Ancient Peru*. Thames and Hudson: London, 1997.

Hill Boone, Elizabeth. (ed.) *Andean Art at Dumbarton Oaks*. Volumes1 and 2. Dumbarton Oaks Research Library and Collection: Washington, D.C., 1996.

Longhena, Maria und Alva, Walter. *Das große Buch der Anden*. Karl Müller Verlag: Köln, 2002.

Morris, Craig and Von Hagen, Adriana. *The Inca Empire and Its Andean Origins*. Abbeville Press: New York, 1993.

Moseley, Michael E. *The Incas and their Ancestors*. Thames and Hudson: London, 2001.

Richardson III, J.B. *People of the Andes*. St. Remy Press/Smithsonian Books: Montreal/Washington, D.C., 1994.

Silverman, Helaine. (ed.) *Andean Archaeology*. Blackwell Publishers: Oxford, 2004.

Stone-Miller, Rebecca. *Art of the Andes: From Chavin to Inca*. Thames and Hudson: London, 1995.

Stone-Miller, Rebecca. *To Weave for the Sun: Ancient Andean Textiles*. Thames and Hudson: London, 1992.

Von Hagen, Adriana and Morris, Craig. *The Cities of the Ancient Andes*. Thames and Hudson: London, 1998.

1 ANFÄNGE

Donnan, Christopher B. (ed.) *Early Ceremonial Architecture in the Andes*. Dumbarton Oaks Research Library and Collection: Washington, D.C., 1985.

Quilter, Jeffrey. *Life and Death at Paloma: Society and Mortuary Practices at a Preceramic Peruvian Village*. University of Iowa Press: Iowa City, 1989.

Raymond, J. Scott and Burger, Richard L. *The Archaeology of Formative Ecuador*. (eds.) Dumbarton Oaks Research Library and Collection: Washington, D.C., 2003.

2 UNGEHEUER UND GÖTTER DES KOSMOS

Burger, Richard L. *Chavin and the Origins of Andean Civilization*. Thames and Hudson: London, 1992.

Paul, Anne. *Paracas Art and Architecture: Object and Context in South Coastal Peru*. University of Iowa Press: Iowa City, 1991.

3 HEILIGE BERGE, HEILIGE EBENEN

Aveni, Anthony F. (ed.) *The Lines of Nasca*. The American Philosophical Society: Philadelphia, 1990.

Bawden, Garth. *The Moche*. Blackwell Publishers: Oxford, 1996.

Pillsbury, Joanne. (ed.) *Moche Art and Archaeology in Ancient Peru*. National Gallery of Art and Yale University Press: New Haven, 2001.

Silverman, Helaine. *Cahuachi in the Ancient Nasca World*. University of Iowa Press: Iowa City, 1993.

Silverman, Helaine and Proulx, Donald. *The Nasca*. Blackwell Publishers: Oxford, 2002.

4 DIE HERREN DER HÖHEN

Cook, Anita G. "Wari Art and Society" in Silverman, Helaine. (ed.) *Andean Archaeology*. Blackwell Publishers: Oxford, 2004.

Isbell, William H. and Vranich, Alexi. "The Cities of Wari and Tiwanaku" in Silverman, Helaine. (ed.) *Andean Archaeology*. Blackwell Publishers: Oxford, 2004.

Janusek, John W. "Household and City in Tiwanaku" in Silverman, Helaine. (ed.) *Andean Archaeology*. Blackwell Publishers: Oxford, 2004.

Kolata, Alan L. *The Tiwanaku: Portrait of an Andean Civilization*. Blackwell Publishers: Oxford, 1993.

Shimada, Izumi. (ed.) *Pachacamac: A Reprint of the 1903 Edition by Max Uhle*. University Museum of Archaeology and Anthropology, University of Pennsylvania: Philadelphia, 1991.

5 KÖNIGREICHE VON GOLD

Moseley, Michael E. and Cordy-Collins Alana. (eds.) *The Northern Dynasties: Kingship and Statecraft in Chimor*. Dumbarton Oaks Research Library and Collection: Washington, D.C., 1990.

Shimada, Izumi. *Pampa Grande and the Mochica Culture*. University of Texas Press: Austin and London, 1994.

6 HERREN DER VIER VIERTEL

D'Altroy, Terence N. *The Incas*. Blackwell Publishers: Oxford, 2002.

Burger, Richard L. and Salazar, Lucy C. (eds.) *Machu Picchu: Unveiling the Mystery of the Incas*. Yale University Press: New Haven, 2004.

Conrad, Geoffrey W. and Demarest, Arthur A. *Religion and Empire: The Dynamics of Aztec and Inca Expansionism*. Cambridge University Press: Cambridge, 1984.

Quilter, Jeffrey and Urton, Gary. (eds.) *Narrative Threads: Accounting and Recounting in Andean Khipu*. University of Texas Press: Austin and London, 2002.

Rowe, John H. *"Inca Culture at the Time of the Spanish Conquest" in Steward, Julian*. (ed.) Handbook of South American Indians, Vol. 2, pp.183–330. Washington D.C., 1946.

7 DIE WELT WIRD AUF DEN KOPF GESTELLT

Cummins, Thomas B.F. *Toasts with the Inca: Andean Abstraction and Colonial Images on Quero Vessels*. University of Michigan Press: Ann Arbor 2002.

Fane, Diana. (ed.) *Converging Cultures: Art and Identity in Spanish America*. Brooklyn Museum with Harry N. Abrams: New York, 1996.

Salomon, Frank and Urioste, George L. (trans. and eds.) *The Huarochirí Manuscript: A Testament of Ancient and Colonial Andean Religion*. University of Texas Press: Austin and London, 1991.

Silverblatt, Irene. *Moon, Sun, and Witches: Gender Ideologies and Class in Inca and Colonial Peru*. Princeton University Press: Princeton, New Jersey, 1987.

Stern, Steve J. *Peru's Indian Peoples and the Challenge of Spanish Conquest: Huamanga to 1640*. University of Wisconsin Press: Madison, 1982.

Stirling, Stuart. *The Last Conquistador: Mansio Serra de Leguizamón and the Conquest of the Incas*. Sutton Publishing: Stroud, Gloucestershire, 1999.

INDEX

Anmerkung: Seitenangaben in *Kursivsdruck* verweisen auf Abbildungslegenden, Karten und Pläne.

DANKSAGUNG UND BILDNACHWEIS

Dankasagung
Der Autor drückt Christopher Westhorp von Duncan Baird seinen herzlichsten Dank für die Initiative zu diesem Projekt aus. Die Arbeit mit dem Herausgeber Peter Bently und der Fotoredakteurin Julia Ruxto war sehr angenehm. Besonderer Dank gilt Richard L. Burger und Sarah Quilter für ihre wertvollen Kommentare zum Entwurf. Juan Antonio Murro, Assistant Curator; Bridget Gazzo, Pre-Columbian Librarian; Jennifer Younger, Curatorial Assistant; und Kristy Keyes, Assistant to the Director of Studies – in Dumbarton Oaks – waren von großer Hilfe bei der Erstellung dieses Buchs, auch ihnen aufrichtiger Dank.

Abbildungsnachweis
Der Herausgeber dankt folgenden Personen, Museen und Fotoarchiven für die Genehmigung zur Wiedergabe ihres Materials. Copyright-Inhaber wurden mit größter Sorgfalt ausfindig gemacht. Sollte dennoch jemand übersehen worden sein, so entschuldigen wir uns dafür und versichern, dass wir diesen Irrtum in der nächsten Auflage korrigieren werden.

AA	=	The Art Archive, London
AMNH	=	American Museum of Natural History, New York
BAL	=	Bridgeman Art Library, London
DA	=	Dirk Antrop, Ghent
DO	=	Dumbarton Oaks Research Library and Collection, Washington, DC
GDO	=	Gianni Dagli Orti
JBT	=	John Bigelow Taylor, Highland Falls, New York
JK	=	Justin Kerr, New York
ML	=	Museo Arqueológico Rafael Larco Herrera, Lima
MNAA	=	Museo Nacional de Antropología y Arqueología, Lima
MO	=	Museo del Oro, Lima
MV	=	Mireille Vautier, Paris
NGS	=	National Geographic Society, Washington, DC
SAP	=	South American Picture, Woodbridge, Suffolk
WFA	=	Werner Forman Archive, London

(l = links), (r = rechts), (o = oben), (u = unten)

1 MV/MNAA; **2** Robert Harding Picture Library, London/Loraine Wilson; **3** Corbis/ML/Nathan Benn; **4** JBT/AMNH; **6** JBT/AMNH; **7** ML; **8** SAP/Phillipe Bowles; **10–11** Getty/Stone/Robert Frerck; **13** JBT/AMNH; **14** WFA/Private Collection; **15** Corbis/Nathan Benn; **16** Max Uhle Archive/University of Pennsylvania Museum of Archaeology and Anthropology Museum (neg 84–142518); **17 l** MV/Museo Nacional de la Cultura Peruana, Lima; **17 r** MV/Museo Nacional de la Cultura Peruana, Lima; **18** DBP Archiv; **19** Corbis/Nathan Benn; **20–21** AA/GDO; **22** JBT/AMNH; **23** John W Rick, Stanford University; **24** JBT/AMNH; **25** AA/Liceo La Condamine, Quito Ecuador/GDO; **27 u** Corbis/Sigma/Julio Donoso; **27 o** Julio Donoso, Santiago, Chile; **28** Yoshio Onuki, Universität Tokyo; **29** JBT/AMNH; **30** DA/Museo Arqueológico de la Universidad Nacional, Trujillo; **31 o** AA/Museo Banco Central de Quito/GDO; **32** BAL/Giraudon; **33** MV; **34–35** MV/MNAA; **36** MV; **37** MV; **38** AA/GDO; **41** JK/DO; **42** WFA/mit freundlicher Genehmigung David Bernstein Collection, New York; **43** JK/DO; **44** NGS/William A Allard; **45** JK/DO; **46** AA/MNAA/GDO; **47** SAP/Tony Morrison; **48** JK/DO; **49** AA/MNAA/GDO; **50** AA/MNAA/GDO; **51** JBT/AMNH; **52–53** ML; **54** Peabody Museum, Harvard University Foto T1363/Hillel Burger; **55** Corbis/Yann Arthus-Bertrand; **56** JK/DO; **57** AA/Museo Arqueológico Regional, Ica/GDO; **58 u** AA/MNAA/GDO; **58 o** MV/MNAA; **60–61** JBT/AMNH; **62** WFA/mit freundlicher Genehmigung David Bernstein Collection, New York; **63** WFA/mit freundlicher Genehmigung David Bernstein Collection, New York; **64–65** Impact Photos, London/Yann Arthus-Bertrand; **66** AA/Världskulturmuseet, Göteborg/GDO; **67** AA/MO/GDO; **68–69** Stephane Compoint, Paris; **70** Christie's Images, London; **71** AA/MNAA/GDO; **72–73** JK/DO; **73 o** JBT/AMNH; **74** AA/MNAA/GDO; **75** Stephane Compoint, Paris; **76–77** Impact Photos, London/Yann Arthus-Bertrand; **77 o** Stephane Compoint, Paris; **78** MV; **79** White Star, Vercelli/ Massimo Borchi; **80–81** Corbis/Nathan Benn; **82** Robert Harding Picture Library/ML/Robert Frerck; **83** JK/DO; **84** BAL/British Museum, London; **85** SAP/Tony Morrison; **86** AA/MNAA/GDO; **87** AA/MO/GDO; **88** Corbis/ Metropolitan Museum of Art, New York/The Michael C Rockefeller Memorial Collection, Bequest of Nelson A Rockefeller/Nathan Benn; **89** Corbis/Nathan Benn; **90** Corbis/ ML/Nathan Benn; **92** DA/Museo del Banco Central de Reserva, Lima; **93** DA/Museo Arqueológico Regional, Huaraz; **94** AA/MNAA/GDO; **95** AKG-images/Privatsammlung Lima/ Veintimilla; **96** MV; **98** Peabody Museum, Harvard University Foto T1361/Hillel Burger; **99** DA/Museo Arqueológico de la Universidad Nacional San Antonio de Abad del Cusco; **100–101** SAP/Tony Morrison; **102** NGS/Museo de Metales Preciosos Precolombino, La Paz/Kenneth Garrett; **103** MV; **104** MV; **105** WFA/Museum für Völkerkunde, Berlin; **106–107** NGS/Kenneth Garrett; **108** JBT/Hoover Institute, Stanford University; **110** DA/Museo Preistorico ed Etnografico »Luigi Pigorini«, Rom; **111** JBT/AMNH; **113** NGS/Kenneth Garrett; **114** JK/DO; **115 o** NGS/Kenneth Garrett; **115 u** Corbis/Brian A Vikander; **116** AA/ML/J Enrique Molina; **117** JK/DO; **118** WFA; **119** JBT/AMNH; **120** JK/DO; **121** Corbis/Francis G Mayer; **122–123** JK/DO; **124** JK/DO; **125** JBT/AMNH; **126 –127** WFA/Privatsammlung, Dallas; **128 o** Corbis/Stephanie Colasanti; **128 u** JBT/AMNH; **130** Corbis/ Sygma/Julio Donoso; **132–133** AA/MO/GDO; **134** SAP/Tony Morrison; **135** DA/Rautenstrauch-Joest Museum, Köln, Sammlung Ludwig; **136** DA/Museo Banco Central de Reserva, Lima; **137** AA/Gabaldoni Collection Lima/GDO; **138** MV/Amano Museum, Lima; **139** MV/Amano Museum, Lima; **140** Corbis/James Sparshatt; **141** MV/MNAA; **143** MV/Museo Brüning, Lambayeque; **144–145** WFA/Dallas Museum of Art; **146** AA/MNAA/GDO; **147** AKG-images/Museo Brüning, Lambayeque; **148** AA/MNAA/GDO; **149** AA/MNAA/GDO; **150** JK/DO; **151** ML; **152 o** Corbis/Roman Soumar; **152 u** JBT; **153** JK/DO; **155 o** MV; **155 u** AA/Dagli Orti; **156** MV; **157** AA/Dagli Orti; **158** Corbis/Sygma/Julio Donoso; **159** AA/MO/GDO; **160** WFA/Museum für Völkerkunde, Berlin; **161** WFA/ML; **162** BAL/Private Collection; **163** AA/MO/GDO; **164** AA/MO/GDO; **165** JBT/AMNH; **166–167** AA/MO/GDO; **168–169** AA/GDO; **170** BAL/British Museum, London; **171** MV/Museo de la Universidad del Cusco; **172** AA/GDO; **173** MV/Museo Pedro de Osma , Lima; **174** BAL/British Museum, London; **175 u** MV; **175 o** SAP/Tony Morrison; **176–177** AA/GDO; **178** JBT/AMNH; **179 o** John Warburton-Lee, Sleaford, Lincs; **179 u** Suzanne Tuhrim, London; **180** John Warburton-Lee, Sleaford, Lincs; **181** WFA/Museum für Völkerkunde, Berlin; **182** MV/MNAA; **183** WFA/Museum für Völkerkunde, Berlin; **184** WFA/Museum für Völkerkunde, Berlin; **185** NGS/Maria Stenzel; **186** AA/GDO; **189 o** Corbis/James Sparshatt; **189 u** Axiom, London/Chris Caldicott; **190** MV; **192–193** AA/GDO; **194** JK/DO; **195** John Warburton-Lee, Sleaford, Lincs; **196** JK/DO; **197** GDO; **198** AA/MO/Dagli Orti; **199** Peabody Museum, Harvard University Foto T1355/Hillel Burger; **200** JK/DO; **201** Dr Johan Reinhard/Mountain Institute, Washington DC; **202** DA/Museo de América, Madrid. **203** DA/Museo de América, Madrid; **204–205** AA/GDO; **206–207** MV/Collecion Chavez Ballón, Cuzco; **208** AA/Museo Pedro de Osma Lima/MV; **209** Corbis/Jeremy Horner; **210** MV/Collecion Chavez Ballón, Cuzco; **211** WFA/Museum für Völkerkunde, Berlin; **212** AA/Biblioteca Nacional Madrid/ GDO; **213** AA/Casa de Moneda, Potosi/MV; **215** John Warburton-Lee, Sleaford, Lincs